小古文大发现

古人品格之旷

罗才军　编著

ZHEJIANG UNIVERSITY PRESS
浙江大学出版社
·杭州·

图书在版编目（CIP）数据

小古文大发现：古人品格之旷 / 罗才军编著. —
杭州：浙江大学出版社，2023.2
ISBN 978-7-308-23449-8

Ⅰ. ①小… Ⅱ. ①罗… Ⅲ. ①文言文—小学—教学
参考资料 Ⅳ. ①G624.203

中国国家版本馆CIP数据核字（2022）第251843号

小古文大发现　古人品格之旷
XIAO GUWEN DA FAXIAN GUREN PINGGE ZHI KUANG
罗才军　编著

策划编辑　陈丽霞　肖　冰
责任编辑　丁佳雯
责任校对　肖　冰
封面设计　项梦怡
责任印制　范洪法
出版发行　浙江大学出版社
（杭州市天目山路148号　邮政编码　310007）
（网址：http://www.zjupress.com）
排　　版　杭州林智广告有限公司
印　　刷　杭州宏雅印刷有限公司
开　　本　787mm×1092mm　1/16
印　　张　6.5
字　　数　88千
版 印 次　2023年2月第1版　2023年2月第1次印刷
书　　号　ISBN 978-7-308-23449-8
定　　价　25.00元

浙江大学出版社市场运营中心联系方式：0571-88925591；http://zjdxcbs.tmall.com

总　序

于雅言传承中领略百态人生

毋庸讳言，流传至今的文言典籍中，蕴藏着中华民族极高的智慧和深切的情怀，后世浩如烟海的著述不过是它们的演化与注解，否则金克木先生不会有“书读完了”的慨叹。所以孩子们阅读文言经典，能为他们播下安顿生命的种子，使他们有机会成为从容、雍雅、慧杰、自适、不走极端的人。然而，一个不容忽视的现实是，当下，在孩子们的语文生活中，文言却是最容易端起架子、故作深沉、故作神秘的。

说它端起架子，是因为文言本来是古代人们生活和思想的有趣的记录，但在孩子们的学习和阅读中常常被异化为枯燥干瘪的知识记诵。浑然一体、情趣盎然的人情故事被讲得支离破碎、混沌一片，其用字的典雅、语言的节奏、意象的精美、情感的辗转在这样的过程中消磨殆尽。长此以往，孩子们自然生出对文言的隔膜，甚至厌恶。

说它故作深沉，是因为我们眼睛里的文言，或是那些想象瑰丽、经天纬地的鸿篇巨制，或是探索人世真相、生命究竟的经史子集。这些文言，凝结着千百年来中华民族精深的智慧和磅礴的文化，而叙述者又大多以立言传世、治国平天下的初衷与气概，洋洋洒洒。这是当下的孩子们甚至大人们无法经验和想象的。所以面对这样的文言世界，孩子们自然容易望洋兴叹、莫可奈何了。

说它故作神秘，是因为它总有那么多艰涩生僻的字、词，总有那么多我们无法感知的思想观念，以至于很多人，尤其是孩子在阅读文言时经常处于碎片、孤立和封闭的情境中，融不到当下学习运用语言文字的现实生活里去。对很多人来说，文言似乎已经与日常的语言生活决裂了，它更像一种已经失传的古老语言，而非延续在我们血脉里的精神密码。

其实，文言本就是我们的语言，它并不古老，也没有那么面目可憎。它就活在当下，在很多作家的作品里，生活中很多耳熟能详、脱口而出的成语诗词，都会呈现文言的样式。我们对文言的敬而远之，大多是因为我们没有发现文言在经史子集、鸿篇巨制之外，还潜藏着真正反映和展现古人生活的宏大世界：那些鸡毛蒜皮的日常，那些闲情雅致、情趣爱好，以及那些需要疏解的愁思、需要安顿的焦躁和需要分享的喜乐。另外，就是我们在走进、体验和运用它们的时候，显得过于急功近利，方法也不免泥古且庸俗。

究竟该如何化解雅韵流传的文言在当下社会生活尤其是孩子们那里所遭遇的尴尬，真正让孩子们理解和体悟文言的宏大世界中所展现的真实和趣味呢？

我想，不妨尝试着跳脱出来，将那些探讨生命究竟、天人之道的文言经典暂时搁置，等到孩子们有足够的领悟能力和学习兴趣的时候再来阅读它们。且让孩子们从当下的、更为注重生命体验、更为关注个人价值的时代特征出发，选择那些贴近日常生活、人世繁华，反映古人生活情趣、即兴智慧、生命境遇的故事来阅读，感受一个个活泼生动、元气淋漓的人物，了解古代中国人为人处世、衣食住行、会友闲谈里的优雅与从容，领略他们卓绝的智慧、精绝的才艺、方正的品格，也体验他们俏皮的雅好、丰富的娱乐、旷远的情感，甚至于去发现，古人与我们一样，有不少“坏习惯”“怪心思”“臭毛病”。让孩子们在学习和阅读的时候，能够经验和感知、联想和理解古人，就仿佛和他们身处同一个时空，见证他们的生活百态、言笑晏晏。

最近几年来，我始终对这样的愿景念念不忘，尝试着在浩瀚的文言丛林中，分拨拣择那些有趣、带劲、充满人情味的篇章，并将它们以轻松愉悦的姿态带到孩子们身边。慢慢地我发现，文言中的笔记闲谈最能舒展才情，也最有烟火气息，语言情致自然也最为率性天真，有华枝春满、天心月圆的浑璞不雕。将这样的文言经典以自由宽广的课程视野、清新舒展的学习方式让孩子们阅读和体验，自然能使他们孜孜不倦、乐此不疲。这样的尝试得到了许多孩子的喜欢和认可，也使许多老师、家长瞩目。于是我就想将之系统地编纂成书，将这些探索和实践固化下来，也将自己对于孩子们文言学习的科学路径和适切方法沉淀下来，让更多的小朋友、大朋友可以了解雅言传承中的大千世界、嬉笑怒骂里的百态人生。

很有幸，去年遇到浙江大学出版社的老师们，他们对于我的这个想法非常感兴趣，且充满了期待。在他们的鼓励和支持下，我带着我的研究生，开始尝试着序列化、结构化地开发适合孩子们阅读和学习、体验和运用的文言内容。我们基于当代小学生的读写能力，呼应课程标准实践性、综合性、情境化、整合化的学习方式，从更为注重自我生命体验、更为关注审美生活的时代特征出发，筛选了《世说新语》《古今谭概》《东坡志林》《唐才子传》《浮生六记》《夜航船》等从先秦两汉到明清的 30 多部经典传奇笔记小说中贴近日常生活与人世繁华，内容合宜且语言清浅的精短篇章，再前拈后连，基于语文学习的规律和孩子们的学习兴趣设计助读系统，搭建学习支架，将相应的人物与典故、诗词与故事、阅读与表达、学法与思维、情趣与意象，像拼图一样一块一块地拼接编纂起来。比如“梳理故事结构”板块通过思维导图的形式揭示内容要点，“说说文章内容”板块通过娓娓道来的讲述展现精彩所在，“品读更多诗文” 板块是联系相关诗词进行扩展阅读，“创意表达运用”板块重在让文言实现迁移运用，活在孩子们的语言生活里。这些助读系统，试图突破亦步亦趋、支离破碎、枯燥乏味的文言知识学习模式，让孩子们在充满好奇、轻松愉悦的阅读体验中，循序渐进地感受文言的表达特点，形成文言语感的基本心理图式，习得文言、诗词、故事等相互融通的结构化的阅读能力，历经“生吞活剥、连滚带爬、脱胎换骨、信手拈来”的文言读写实践。希望这套书能真正成为孩子们文言积累、阅读、表达与审美的辽阔疆场；也期待孩子们能从那些故事中管窥古人生活的世态百相，感受元气淋漓的人物形象，领略或酣畅洒脱或倨傲奇崛的士人性情，领略中华文化的磅礴瑰丽，涵养文人风骨，培育中华气度，栽下一颗安顿生命的种子。

就这样，我们从孩子们的视角和体验出发，以语文教科书编者般的苛刻，想象着日常阅读和课堂场景，以任务群、主题式学习要素和助读系统进行组元。以一篇触发一类、联动一群的方式陆陆续续编写了“小古文大发现”丛书，并以“古人娱乐之趣”“古人雅好之奇”“古人品格之旷”“古人智慧之丰”“古人情感之真”“古人才艺之绝”“古人生活之美”为题。如今，它们终于出版了，我着实感到欣慰。它们承载了我这些年文言阅读与教学的探索，每一篇选文都经过了千淘万漉，每一项解读和注释都凝结着我和团队的精心打磨，每一个助读系统都融聚着我和我的研究生齐婷婷的想象与智慧，每一册、每一个单元的结构与要素都经受了浙江大学出版社老师们挑剔的眼光，每一本的版式与装帧又经历了千回百转的设计与修正。

更重要的也是最为庆幸的是，我终于没有板起了面孔，好为人师地滔滔不绝，我找到了一种打开语文、打开文言世界的方式，让千百年前真实的生活故事、生命境遇与当下的生活与情境实现了对话，让文言新鲜地活在孩子们的嘴里和笔下，尤其是让中华传统的情趣和审美，润泽到孩子们的心里。

我不敢妄想这些小书能让孩子们从此对语文、对文言、对中华传统文化狂热喜爱、痴迷眷恋，但如果有那么一点启发，能播撒下那么几颗种子，再幸运一些，让孩子们感悟了文言所刻画的人物、叙述的故事、展露的情感、描述的场景都与我们当下的生命生活似曾相识，甚至是久别重逢，使其体验到编织在语言文字里的、与自己的生命和生活若即若离的美好与哀愁，那真可谓善莫大焉！

是为序。

2022 年仲秋罗才军

于一本居

序

见书名中“品格”二字，未知各位作何感想?

所谓品格，在本册中乃品位、格调、心胸、气度也。人生一世，自当树品立格，方不枉昂藏之躯。本册所列之古人品格，以不畏权贵、坚毅专注、卓识远见、宽容豁达、潇洒自在、自省自新六篇结构，将古人在处世为人、治学理政、自我省察等诸多方面的轶事趣闻集结汇编，以期让诸位窥斑见豹，一探中国古代贵族士子及学者大家品格之旷。品格，而以一“旷”字着之，实因书中所叙人物心胸宏阔、旷达不羁近乎放浪形骸。其中意味，自有旷远绵邈的极目无碍。

诚然，六篇尚无法囊括世人品格之万殊，挂一漏万势成必然，如“仰观宇宙之大，俯察品类之盛”之包容，“不以物喜、不以己悲”之超然，“一蓑烟雨任平生”“一任阶前点滴到天明”之冲淡，均还未在其列。直待诸位以书为媒，继续寻访，一探古人品格之究竟。

当是时，诸君亦可如顾长康云，渐至佳境矣!

目录
MULU

第一篇

不畏权贵

小古文大发现 古人品格之旷

急于弹雀

宋艺祖一日后苑挟弓弹雀。有臣僚称其急事请见。及见，乃常事。帝曰："此事何急？"对曰："亦急于弹雀。"

——《古今谭概》

梳理故事结构

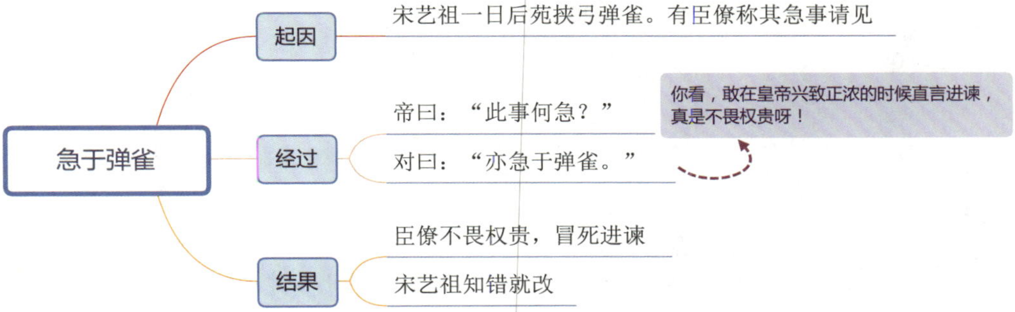

说说文章内容

宋朝人平日里称呼赵匡胤为"艺祖"。"艺祖"这个称谓源于《尚书》，《尚书》中把有文德才艺的祖先称为"艺祖"，后来也用来指一朝开国帝王。顾炎武就曾提到过："人知宋人称太祖为艺祖，不知前代亦皆称其太祖为艺祖……然则是历代太祖之通称也。"但是这样一个有文德才艺的帝王后来却爱上了用弹弓打鸟，故事就从这里开始了。

一天，宋艺祖赵匡胤在后花园拿着弹弓打鸟。有个大臣求见，说有急事。皇帝马上召见了他，等到听完他的汇报以后，才知道原来是一件很平常的事。艺祖说："这事有什么着急的？"大臣回答说："总比用弹弓打鸟着急。"

显然，这个大臣说有急事，其实是想借机点醒赵匡胤，不要玩物丧志。这是很冒险的，有欺君的嫌疑。事实上，这则故事还有后文，赵匡胤听他这么说，便勃然大怒，但是想到他是从国家大局、朝廷安危的角度考虑，也就被深深感动了。确实，这个大臣能在皇帝兴致正浓的时候，不避生死，不畏权贵，直面劝谏，必然是忠心耿耿。而宋太祖赵匡胤能够知错就改，以大局为重，也应被人所称道。

理解重点词语

弹雀

弹雀

1.射雀。《论衡》：蛢（píng）弹雀则失鷃（lú），射鹊则失雁。

2.“随珠弹雀”又称“明珠弹雀”，后人以此比喻轻重失当、得不偿失的行动。《庄子》：今且有人于此，以随侯之珠，弹千仞之雀，世必笑之。是何也？则其所用者重，而所要者轻也。

互文扩展阅读

太祖尝弹雀于后园，有群臣称有急事请见，太祖亟见之，其所奏乃常事耳。上怒，诘其故，对曰：“臣以为尚急于弹雀。”上愈怒，举柱斧柄撞其口，堕两齿，其人徐俯拾齿置怀中。上骂曰：“汝怀齿欲讼我邪？”对曰：“臣不能讼陛下，自当有史官书之。”上悦，赐金帛慰劳之。

——《涑水记闻》

这则故事和“急于弹雀”相比，在记叙方式上有什么不同呢？我们可以看到这则故事将赵匡胤从愤怒到更加愤怒再到骂人最后消气的过程写得非常清楚、细致。看来小古文篇幅虽短，但在表达情意方面却是字字珠玑啊！

创意表达运用

你看，“互文扩展阅读”的故事用“怒”“愈怒”“骂”“悦”这几个词就把赵匡胤的情绪变化描绘得十分生动清楚，其实我们在写作的时候也可以用不同的表达情绪的词来展现事情发展过程，请你试一试。

____

____

____

____

体悟人物品格和精神——说说赵匡胤

赵匡胤，即宋太祖，是宋王朝的建立者。相传赵匡胤在后周时任殿前都点检，领宋州归德军节度使，掌握兵权，后来在“陈桥兵变”中被拥立为帝，建立宋朝，建元“建隆”。他倡导文人政治，开创了中国的文治盛世，并有一些诗作传世。

嵇康临终奏《广陵散》

嵇中散临刑东市，神气不变，索琴弹之，奏《广陵散》。曲终，曰：“袁孝尼尝请学此散，吾靳固不与，《广陵散》于今绝矣！”太学生三千人上书，请以为师，不许。文王亦寻悔焉。

——《世说新语》

梳理故事结构

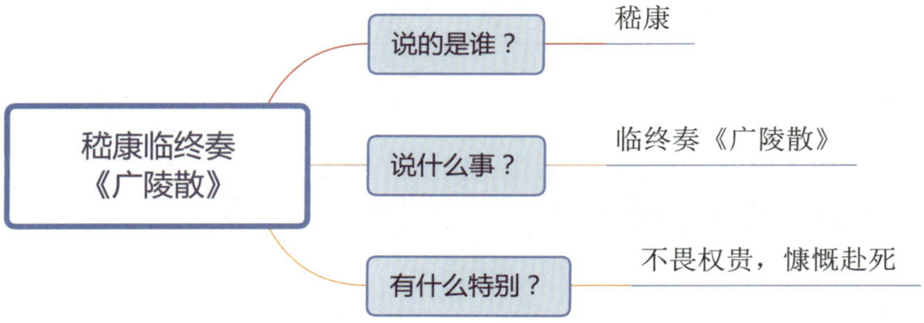

说说文章内容

嵇中散即嵇康，他被押到东市受刑时，神色像往常一样没有变化。他坦然地让人拿来自己心爱的古琴，然后弹奏了一曲《广陵散》。弹完说道：“袁孝尼（即袁准）曾让我教授他《广陵散》，可我吝惜固执，没有答应，《广陵散》从今以后要失传了。”当时有三千名太学生上书朝廷，请求拜嵇康为师，没有获准。嵇康死后不久，文王司马昭也后悔了。

嵇康被当时嫉妒他的钟会等人诬告“言论放荡，害时乱教”，并因此被判处极刑。这件事激起了轩然大波。一时间，数千名在地方上极有声望的豪杰纷纷上书，要求与嵇康一同入狱，并希望以此向文王司马昭施加压力，营救嵇康。

面对如雪片般飞来的封封请愿信，司马昭显然感受到了嵇康强大的政治号召力，为了尽量降低政治风险，司马昭在嵇康被判死罪后不久，就将其推上了法场。

一早就得到风声的各界人士迅速行动起来。黎明时分，三千名太学生集体上书司马昭，要求拜嵇康为师，以期免其死罪。与此同时，数千名豪杰也从四面八方涌入京城，声援嵇康。但这样的请愿和施压，反而使司马昭的杀心更加坚定了。

到了刑场的嵇康摸着他心爱的琴，若有所思，随后便用双手拨动了琴弦。嵇康的琴声一起，喧闹的刑场便立刻安静了下来。刚开始，琴声空灵、飘逸，令人仿佛置身于秀美的峨眉之巅，望着烟雾缭绕的层层白云，感受着自然的伟大和神奇。然后，琴声又变得慷慨、激越，让人好似置身于血染的战场之上，望着仁人志士的前仆后继，感受到生命的顽强和不屈。过了一会儿，琴声又变得清秀、温婉，让人似乎置身于清丽的小桥之边，望着生生不息的汩（gǔ）汩清泉，感悟自然的永恒和圆满。

嵇康的亲友、三千名太学生，静静地聆听着嵇康最后的琴曲，听着听着，在场的所有人包括部分戒严的士兵和监斩的官员，都忍不住泪如雨下、泣不成声。可是，此时的嵇康依旧是那样气定神闲。

理解重点词语

靳固不与

靳固不与 因吝惜而不肯给。靳固，意思是吝惜；不与，意思是不肯给。

请你将这个句子补充完整：吾曾有一爱物，友人尝请此物，吾______。

寻

寻

1. 不久。《世说新语》：文王亦寻悔焉。
2. 研究。《颜氏家训》：传相祖述，寻问莫知源由。
3. 寻找。《桃花源记》：丞相祠堂何处寻？锦官城外柏森森。
4. 沿着。《琵琶行》：寻声暗问弹者谁？琵琶声停欲语迟。
5. 古代长度单位，八尺。《诗经》：是断是度，是寻是尺。

请以（之）为师

古文中有一些句子有些难懂，这是因为古文用词简洁，常有省略的情况，让我们一起来看看吧！

例句：太学生三千人上书，请以为师，不许。

请以为师——请以（之）为师（这里的“之”指嵇康）

不许——（文王）不许（这个请求）（“这个请求”指太学生拜嵇康为师的请求）

互文扩展阅读

嵇康临终所奏的这首《广陵散》究竟是一首怎样的曲子呢？让我们来看看历代文人提到它时都是怎么说的吧！

一罢广陵散，鸣琴更不开。——李白

谁传广陵散，但哭邙（máng）山骨。——李白

放翁老死何足论，广陵散绝还堪惜。——陆游

凄凄明月吹，恻（cè）恻广陵散。——谢灵运

绿绮为谁弹，空传广陵散。——张先

何日见嵇康，重弹广陵散。——梅尧臣

一弄广陵散，又裁绝交书。——陆龟蒙

嵇康好琴

不仅历代文人为《广陵散》的失传而叹惋，今日我们读到这里，一想到已经无法聆听到这首动人的乐曲也难免惆怅。那么为什么袁孝尼求教，嵇康却“靳固不与”呢？《太平广记》里有一则故事，说的是嵇康好琴，有一次，嵇康夜宿月华亭，夜不能寝，起坐抚琴，琴声优雅，打动一幽灵，那幽灵遂传《广陵散》于嵇康，更与嵇康约定：此曲不得教人。这也许是古人对于嵇康不愿传授此曲的美好幻想。毕竟，《广陵散》于今绝矣！

创意表达运用

本则故事对于《广陵散》此曲曲调如何、如何动听并没有细致描绘，甚至对于此曲本身也几乎不着笔墨，但是我们还是能从中体会到此曲的动听，感受到此曲失传后世人的遗憾，这正是小古文中意蕴深长、言有尽而意无穷之处。你能仿照这样的写法写一写令你印象深刻的人或事吗？可以运用现代汉语中侧面描写的表达方法来试一试哦！

体悟人物品格和精神——说说嵇康

今天我们要一起认识的嵇康是三国时期魏国的思想家、音乐家、文学家。他字叔夜，谯（qiáo）郡铚（zhì）县嵇山［今属安徽涡（guō）阳］人。嵇康博览群书，尤为崇尚老庄，讲求养生服食之道，是竹林七贤之一，与阮籍齐名。他自幼聪颖，身长七尺八寸，有典籍记载他容止出众。嵇康因曾官中散大夫，世称“嵇中散”。嵇康因不满当时掌握政权的司马氏集团而被钟会构陷，并遭掌权的大将军司马昭处死。

历代文人对嵇康的评价

- **山涛**：嵇叔夜之为人也，岩岩若孤松之独立；其醉也，傀俄若玉山之将崩。
  - 你看，嵇康不仅生性高洁，且仪容俊美！
- **刘义庆**：（说的是嵇康外形俊美。）嵇康身长七尺八寸，风姿特秀。见者叹曰：“萧萧肃肃，爽朗清举。”或云：“肃肃如松下风，高而徐引。”
- **王烈**：叔夜志趣非常而辄不遇，命也！
  - 你看，这是在感慨嵇康坎坷的经历！
- **王戎**：（说的是嵇康喜怒不形于色。）与嵇康居二十年，未尝见其喜愠之色。
- **陈寿**：时又有谯郡嵇康，文辞壮丽，好言老、庄，而尚奇任侠。

不为五斗米折腰

郡遣督邮至县，吏白应束带见之，潜叹曰：“吾不能为五斗米折腰，拳拳事乡里小人邪！”

——《晋书》

梳理故事结构

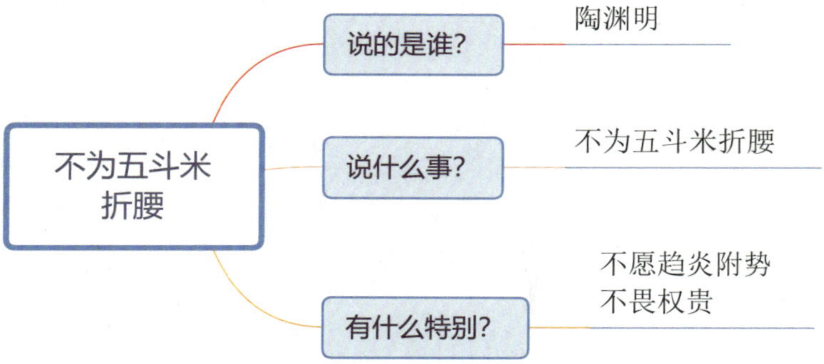

说说文章内容

说起不畏权贵的故事，就不得不提陶渊明了，他是我们都非常熟悉的大诗人，被世人称赞为“古今隐逸诗人之宗”。他自幼家贫，二十岁时开始做官，但是他并不留恋官场生活，多次辞官，眷恋田园和隐逸的生活。这个故事就发生在陶渊明最后一次做官的时候，当时他在彭泽县担任县令。

有一天，郡里派遣督邮到陶渊明所在的县了解情况，下属告诉他应该系上带子着正装拜见督邮，陶渊明长叹了一口气说：“我不能为了五斗米的县令俸禄而弯腰丧失尊严，小心谨慎地侍奉粗鄙之人呀！”之后他就辞官回家了。而这次他仅仅做了八十多天的彭泽县令，自此永远地告别了官场，并写下了传世佳作《归去来兮辞》。

这个故事后来成为一个典故。杜甫在《东津送韦讽摄阆（làng）州录事》中就写道："他时如按县，不得慢陶潜。"这里的"慢陶潜"就是化用了陶渊明不愿束带见上司，厌烦送来迎往的礼节，解印而去的典故。我国古代很多文人有这样一副傲骨，不愿随波逐流、趋炎附势，比如李白"安能摧眉折腰事权贵"的性格似乎就与陶渊明"不为五斗米折腰"的精神一脉相通。

理解重点词语

折 腰

折腰

1. 弯腰行礼，拜揖，比喻人为利禄所动，屈身事人。

《水龙吟》：白发西风，折腰五斗，不应堪此。

《梦游天姥吟留别》：安能摧眉折腰事权贵，使我不得开心颜！

《沁园春·答九华叶贤良》：谁信道凄凉今折腰。

《哨遍》：为米折腰，因酒弃家，口体交相累。

《牡丹》：垂手乱翻雕玉佩，折腰争舞郁金裙。

2. 弯腰行礼，引申为倾倒、崇敬。

《沁园春·雪》：江山如此多娇，引无数英雄竞折腰。

拳拳

拳拳

1. 恳切的样子。《报任安书》：拳拳之忠，终不能自列。
2. 勤勉的样子。《天爵论》：拳拳于得善，孜孜于嗜学。
3. 弯曲的样子。《赠苏武别诗》：烁烁三星列，拳拳月初生。

在古文中，形容词通常可以翻译成“……的样子”。

互文扩展阅读

陶侃不畏权势

《晋书》中说陶渊明是陶侃的曾孙，虽然后人对这个说法有所怀疑，但是这二位都有不畏权贵的故事流传，让我们一起来看看陶侃的故事吧！

陶侃为人十分耿直，刚正不阿。他在武昌当太守时，长江水面上常有盗船出没。强盗拦劫商船，强抢财物，百姓苦不堪言。陶侃知道后，决心除掉这些可恶的强盗。他派了几十个士兵携带兵器，伪装成生意人潜伏在几艘货船上。货船刚驶过龟山，就有十多只小船从周围包抄过来。等小船靠近货船后，几个拿着钢刀的人跳上货船准备抢劫商人们的财物。潜伏在船上的士兵趁其不备突然袭击，强盗们有的被打倒，有的被扔下水，其余几个反应快的，见抢劫行动失败，便跳上小船狼狈地逃走了。

士兵们将抓获的几个强盗带回太守衙门，陶侃立即对他们进行审讯。原来这帮人并不是什么强盗，而是西阳王司马羕（yàng）的亲兵。这西阳王不但是皇族，还是皇上的宠臣，就连皇上对他们的这种行为也是睁一只眼闭一只眼。有位主簿私底下劝告陶侃说：“大人，为了避免得罪西阳王，我看您还是做个顺水人情，将他们几个放了吧。”

陶侃非常严肃地说：“陶某身为太守，理应秉公执法，除凶御寇，保境安民，怎么能因为他是皇上的宠臣就违背做事的原则呢！”第二天，陶侃亲自领兵来到西阳王府，要司马羕交出所有人犯。司马羕也不想把事情闹大，只好将参与抢劫的亲兵全部交出。这些人最终得到了应有的惩罚。

从此，在陶侃的管辖范围内再也没有发生过抢劫案件。陶侃不畏权贵的美名也在民间流传开了。

你看，古往今来，正是因为有这么多正气凛然、傲骨铮铮的名士不畏权贵、坚持正义，我们的社会才变得更加美好和谐！

创意表达运用

本则故事写了陶渊明不畏权贵、不为五斗米折腰，请你发挥想象，写一写当时的场景，尤其要注意写出陶渊明当时的神态、动作哦！

提示：注意要符合人物性格特征哦！

体悟人物品格和精神——说说陶渊明

陶渊明是东晋著名诗人，被誉为“田园诗派开创者”。他一名潜，字元亮，私谥靖节，世称“靖节先生”。

他的代表作有诗作《饮酒》、散文《桃花源记》、辞赋《归去来兮辞》《闲情赋》等。后人把他的遗世作品编为《陶渊明集》，今人有《陶渊明集校笺》。

历代文人对陶渊明的评价

- **萧统**：渊明少有高趣，博学善属文，颖脱不群，任真自得。
  - 你看，这正是魏晋风度呀！
- **钟嵘**：古今隐逸诗人之宗也。
  - 说的是陶渊明在诗词上的成就。
- **孟浩然**：赏读高士传，最嘉陶征君，日耽田园趣，自谓羲皇人。
- **王安石**：然则渊明趋向不群，词彩精拔，晋、宋之间，一人而已。
  - 说的是陶渊明的文采冠绝晋、宋两代。
- **欧阳修**：晋无文章，唯陶渊明《归去来兮辞》而已。
- **苏轼**：吾于诗人无所甚好，独好渊明之诗。渊明作诗不多，然其诗质而实绮，癯（qú）而实腴（yú），自曹、刘、鲍、谢、李、杜诸人，皆莫及也。
  - 你知道苏轼列举的这些诗人分别是谁吗？

第二篇

坚毅专注

小古文大发现　古人品格之旷

纪昌学射

甘蝇，古之善射者，彀（gòu）弓而兽伏鸟下。弟子名飞卫，学射于甘蝇，而巧过其师。纪昌者，又学射于飞卫。飞卫曰："尔先学不瞬，而后可言射矣。"

纪昌归，偃（yǎn）卧其妻之机下，以目承牵挺。二年之后，虽锥末倒眦（zì）而不瞬也。以告飞卫。飞卫曰："未也，必学视而后可。视小如大，视微如著，而后告我。"

昌以牦（máo）悬虱于牖（yǒu），南面而望之。旬日之间浸大也，三年之后，如车轮焉。以睹余物，皆丘山也。乃以燕角之弧（hú）、朔蓬之簳（gǎn）射之，贯虱之心而悬不绝。以告飞卫，飞卫高蹈拊膺（fǔ yīng）曰："汝得之矣！"

——《列子》

梳理故事结构

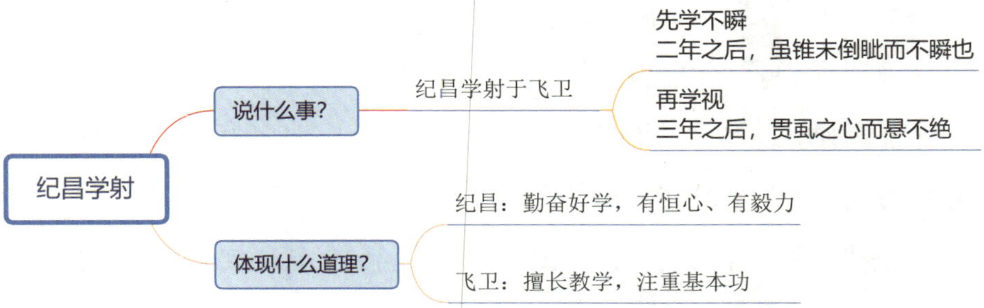

说说文章内容

故事里的三个人物甘蝇、飞卫、纪昌，都是师徒关系，其中飞卫是甘蝇的徒弟、纪昌的师傅，所以这样算来，甘蝇是纪昌的师公。

甘蝇是古代一个善于射箭的人，他拉开弓兽就会倒下、鸟就会落下。甘蝇的弟子名叫飞卫，他射箭的本领超过了他的师傅，这便是青出于蓝而胜于蓝。

纪昌向飞卫学习射箭。飞卫说："你先学会看东西不眨眼睛，然后我们再谈射箭。"纪昌回到家里，仰面躺在他妻子的织布机下，用眼睛注视着织布机上的踏脚板（也有说是织布机上的梭子）来练习。两年之后，即使有人用锥刺他的眼角他也不眨一下眼睛。纪昌把自己练习的情况告诉了飞卫，飞卫说："还不行，你还要学会看才行。要练到看小物体像看大东西一样清晰，看细微的东西看得很明显，然后再来告诉我。"纪昌用牛尾巴的毛系住一只虱子，悬挂在窗口，朝南面远远地看着它。十天之后虱子在他眼中渐渐变大了；三年之后，虱子在他眼里像车轮那么大，以至于他看其他东西都像山丘一样大。纪昌便用燕地的牛角装饰的弓，用北方出产的蓬竹作为箭杆，射那只悬挂在窗口的虱子，穿透了虱子的心，但牛尾巴的毛却没有断。纪昌把自己练习的情况告诉了飞卫，飞卫高兴地抬脚踏步并拍着自己的胸脯说道："你已经掌握了射箭的诀窍了。"

看来飞卫不仅是射箭能手，还是名师，他非常注重教学方法，让纪昌不要忙着练射箭，而是先掌握基本功，即先学不瞬，再学视小如大，视微如著。有了名师的教导，再加上纪昌自己勤奋好学、有恒心、有毅力，纪昌成为射箭高手也是理所当然的事。

这则故事告诉我们无论学什么都没有捷径可走，要从基本功入手，扎扎实实、锲而不舍。而且对于做一件事情，你只要有恒心、有毅力，精益求精，就一定能收获令人满意的回报。

学射箭如此，学文言文乃至学世间任何的本领也是同样的道理。

理解重点词语

以

以

1. 用。《列子》：以目承牵挺。/以告飞卫。/昌以牦悬虱于牖。

2. 以至于；至于。《列子》：以睹余物。

在同一篇文章中有这么多的“以”字，看来在文言文中“以”字是一个常用字，让我们一起记住它吧！

之

之

1. 的。《列子》：纪昌归，偃卧其妻之机下。

2. 代词，指代虱。《列子》：昌以牦悬虱于牖，南面而望之。

3. 和其他字组合成为常用词。《列子》：旬日之间浸大也。/三年之后，如车轮焉。

下面这句话中有这么多“之”字，你能在括号中写出每一个“之”字的意思吗？

乃以燕角之(　　)弧、朔蓬之(　　)簳射之(　　)，贯虱之(　　)心而悬不绝。以告飞卫，飞卫高蹈拊膺曰："汝得之(　　)矣！"

互文扩展阅读

本则古文讲了一个学射、教射的故事，我们不仅看到了一个有恒心、有毅力的学射者纪昌，也看到了一个有方法、重基础的教射者飞卫，接下来我们再看一则关于学射、教射的小古文，请你说说其中的主人公是怎么"学射"的。

关尹子教射

列子学射中矣。请于关尹子。尹子曰："子知子之所以中者乎？"对曰："弗知也。"关尹子曰："未可。"退而习之。三年，又以报关尹子。尹子曰："子知子之所以中乎？"列子曰："知之矣。"关尹子曰："可矣，守而勿失也。非独射也，为国与身亦皆如之。故圣人不察存亡而察其所以然。"

——《列子》

学射者：________________；教射者：________________；
一开始怎么样：____________；后来怎么样：____________；
体现的道理：________________________________。

创意表达运用

本则故事按照时间顺序写了纪昌学射的三个阶段，通过飞卫提出的要求和纪昌的学习过程展现学射的不同阶段，体现出了循序渐进学习技能的过程，请你也试着以“______学______”为题，写一写你学习某项技能的经历吧！

______学______

____

____

____

____

注意参考本则故事的写法，写出你学习这项技能的各个阶段哦！请写出你的技能随着时间变化而进步的过程！

体悟人物品格和精神——说说射箭高手

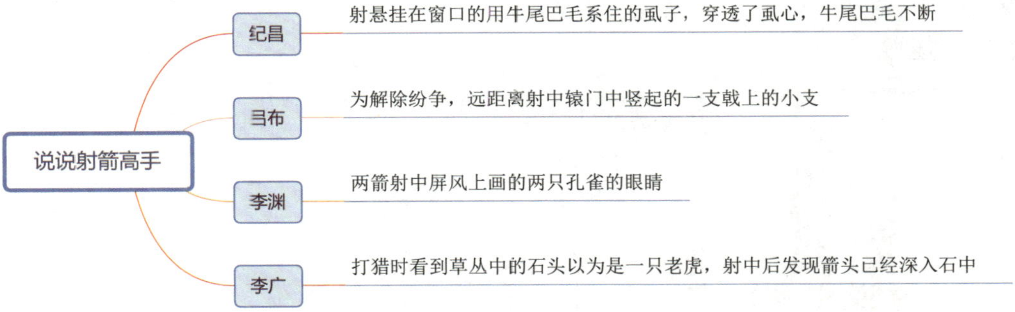

囊萤映雪

胤恭勤不倦，博学多通。家贫不常得油，夏月则练囊盛数十萤火以照书，以夜继日焉。

——《晋书》

孙康家贫，常映雪读书，清介，交游不杂。

——《孙氏世录》

梳理故事结构

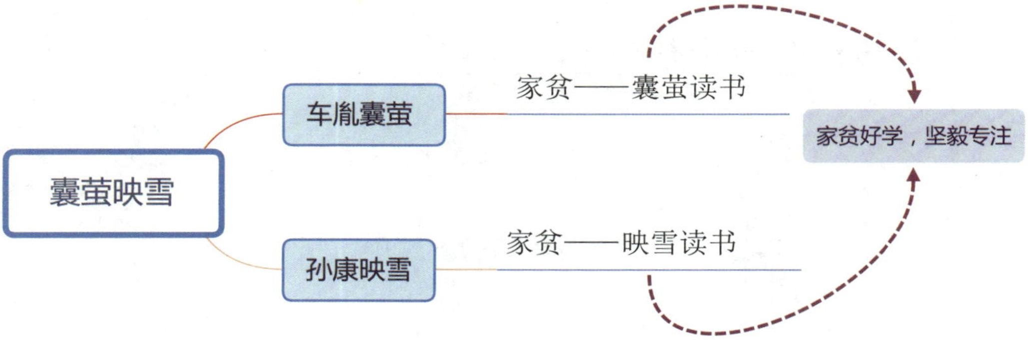

说说文章内容

第一则故事讲的是东晋车胤的故事。车胤自幼聪颖好学、立志苦读，广泛涉猎各种知识，太守王胡之曾对他的父亲车育说：“此儿当大兴卿门，可使专学。”但是车胤家中贫寒，买不起灯油，他常常因为晚上看书时没有灯而苦恼。在一个夏天的晚上，他正坐在院子里默默背书，忽然见到许多萤火虫在空中飞舞，就好像许多小灯在夜空中闪动。车胤脑中闪过一个念头，他立刻捉上一些萤火虫，把它们装在一个口袋里，萤光便透过这个口袋照射出来。车胤就这样借着萤火虫发出的微弱光芒，夜以继日地苦读。在他父亲的指导下，车胤勤学、努力，终于成了一个很有学问的人。

第二则故事说的是晋朝人孙康从小喜欢读书，但他家境贫穷，没有钱买灯油，因而到了天黑的时候，由于缺少光源，他便没有办法读书。特别是在冬天的时候，长夜漫漫，他有时辗转很久都难以入睡。他觉得就这样让时间白白流逝，十分可惜。由于实在没有办法，孙康只好白天多看书，晚上在床上默诵。

有一年冬夜，雪地中映出皎洁的月光，孙康忽然发现，在雪地里看书上的字能看得很清楚，他非常高兴，忙坐在雪地利用雪的反光来读书。整个冬天，孙康在雪的陪伴下，夜以继日地读书，即使北风呼啸、滴水成冰，他也没有中断。正是这种苦学的精神，让他的学识突飞猛进，最后终于学有所成。

后来“囊萤映雪”成为后人津津乐道的勤学典故，蒙学读物《三字经》里也拿其当例子来教育后学：“如囊萤，如映雪，家虽贫，学不辍。”

理解重点词语

囊 萤 映 雪

囊萤映雪 晋朝人车胤家贫，夏夜练囊盛萤，借萤火虫的微光读书；晋朝人孙康家贫，冬夜利用雪的反光读书。后以“囊萤映雪”形容在十分艰苦的环境里坚持刻苦学习的精神。《萧淑兰情寄菩萨蛮》：虽无汗马眠霜苦，曾受囊萤映雪劳。

清介

清介 清正耿直。《人物志》：清介廉洁，节在俭固，失在拘扃（jiōng）。

以夜继日

以夜继日 晚上接着白天，日夜不停，形容劳苦勤奋。《吕氏春秋》：中山之俗，以昼为夜，以夜继日，男女切倚，固无休息。

互文扩展阅读

（一）车胤勤学的另一则故事

明镜不疲

孝武将讲《孝经》，谢公兄弟与诸人私庭讲习。车武子难苦问谢，谓袁羊曰："不问则德音有遗，多问则重劳二谢。"袁曰："必无此嫌。"车曰："何以知尔？"袁曰："何尝见明镜疲于屡照，清流惮于惠风？"

——《世说新语》

晋孝武帝将要给大臣们讲《孝经》，谢安、谢石两兄弟便在自己家里和一些人互相讨论学习。车武子（即车胤，字武子）为反复多次向谢氏兄弟提问请教而感到为难，于是就对袁羊（即袁乔，小字羊）说："我不问吧，怕把精彩的讲解遗漏了，问多了又怕增加谢家二位兄弟的辛劳。"袁羊说："他俩是一定不会因为你多问而感到嫌厌的。"车胤问道："你怎么知道呢？"袁羊说："你哪里见过明亮的镜子会厌倦人们常照，清澈的流水害怕和风吹拂的？"

（二）其他勤学的典故

> 古人勤学，有握锥投斧，照雪聚萤，锄则带经，牧则编简，亦为勤笃。
>
> ——《颜氏家训》

你知道这句话中包含的几个勤学典故分别讲了什么故事吗？让我们一起来看看吧！

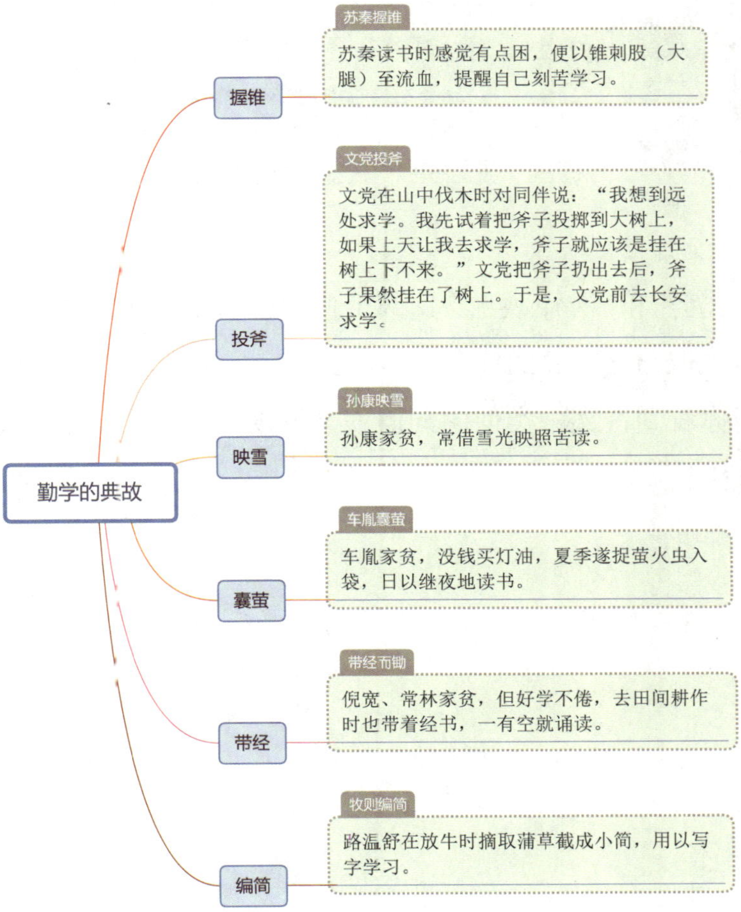

（三）“囊萤映雪”典故的巧妙运用

其实“车胤囊萤”和“孙康映雪”这两个典故在古代文人笔下就有许多种有趣的用法和表达，让我们一起来看看吧！

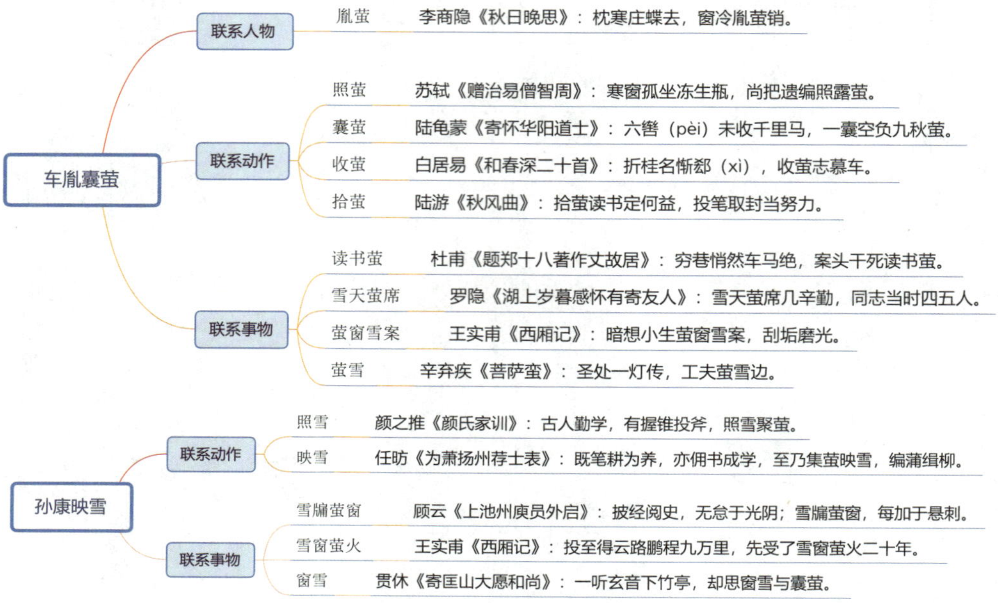

你发现了吗？

“车胤囊萤”和“孙康映雪”这两个典故常常被古人化用于文章或诗词中，古人常截取与之有关的词语巧妙用典。

以后当你看到古文中类似的词语就会发现了解古文中的典故是读懂古文的一大法宝！

创意表达运用

我们探索了古文中“妙用典故”的情况，其实这两则故事都告诉我们勤学苦读、坚毅专注的重要性，你能不能模仿这两则古文凝练的表达方式，写一写你或者你朋友勤学的故事呢？可以运用这次学习的典故哦！

学　弈

弈秋，通国之善弈者也。使弈秋诲二人弈，其一人专心致志，惟弈秋之为听。一人虽听之，一心以为有鸿鹄（hóng hú）将至，思援弓缴（zhuó）而射之，虽与之俱学，弗若之矣。为是其智弗若与？曰：非然也。

——《孟子》

梳理故事结构

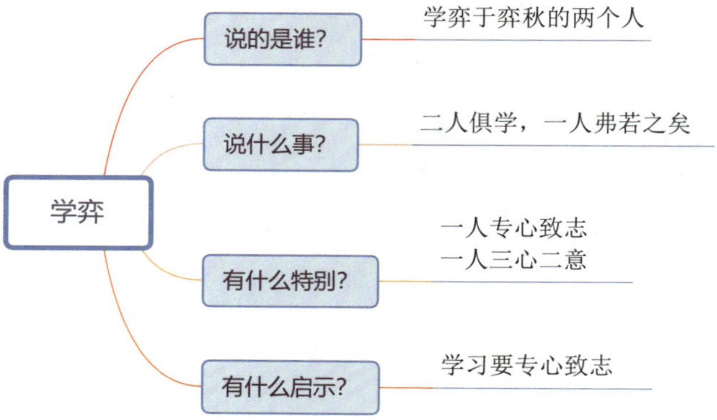

说说文章内容

“弈”指围棋，也可以作为一个动词，意思是下棋。故事中提到的弈秋，据说是春秋时期鲁国一位名叫秋的人，他特别喜欢下围棋，因而潜心研究，终于成为当时下棋的第一高手。人们不知道他姓什么，由于他是因下围棋而出名的，所以称他为“弈秋”。这里所说的“通国之善弈者”，就是全国最擅长下围棋的人，这样的人也可以称作“围棋国手”。据说弈秋是史上第一个有记载的围棋专业棋手。

这个故事讲了两个人向弈秋学习下围棋，其中一个人专心致志，只听弈秋的教导，而另一个人虽然也在听讲，可是他心里却总以为天上有天鹅要飞过，想拿弓箭去射它。这个人虽然和那个专心致志的人在一起学习，却学得不如那个专心致志的人。我们能说是他的智力不如前一个人吗？并不是。

看了这则故事，你知道为什么两个人一起接受了围棋国手弈秋的教诲，学棋的成效却不同吗？相信你已经有了答案，那个学习时三心二意的人没有把心思全部放在学习上，自然学得不如另一个人好啦。其实在我们身边也会有这样的情况，比如一个班的孩子在一起学习，有人学得好，有人学得不好，相信这也和他们学习时是否专心致志、全心投入有关吧！

理解重点词语

思援弓缴而射之

思援弓缴而射之 想拉动弓弦把天鹅射下来。之，指“一心以为有鸿鹄将至”中的“鸿鹄”，可见我们可以通过联系上下文的方法来理解古文中代词的意思。援，意思是拉。弓，指弓箭。缴，与“缴纳”的“缴”意思不一样，读音也不一样，读zhuó，意思是射鸟用的系在箭上的丝绳。

互文扩展阅读

弈秋的故事

有一天，弈秋正在下棋，一位吹笙的人从旁边路过，悠悠的笙乐，飘飘忽忽的，如从云中撒下。弈秋一时走了神，侧着身子倾心聆听。此时，正是棋下到决定胜负的时候，笙突然不响了，吹笙人探身向弈秋请教围棋之道，弈秋竟不知如何对答。不是弈秋不明白围棋的奥秘，而是他的注意力此刻不在棋上。

你看，如果注意力不在下棋上，即使是像弈秋这样的围棋国手也难以回答关于围棋的问题。

创意表达运用

本则故事描写了弈秋教棋、二人学棋的事，告诉我们学习要专心致志。其实孟子讲这个故事是为了说明自己不常与大王相见，难以达到“吾如有萌焉何哉”的状态，希望大王要保持自己的明智，不被小人迷惑。所以我们有时也可以用讲故事的方式劝诫别人。请你试着讲一个故事，劝诫一下学习时爱偷懒的小明同学吧！

学学成语

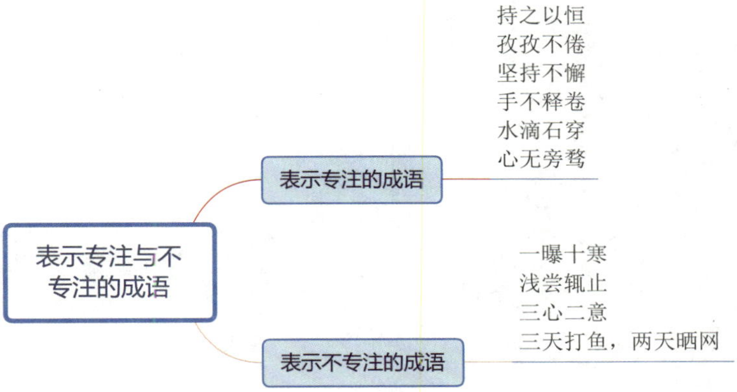
表示专注与不专注的成语
表示专注的成语
持之以恒
孜孜不倦
坚持不懈
手不释卷
水滴石穿
心无旁骛
表示不专注的成语
一曝十寒
浅尝辄止
三心二意
三天打鱼，两天晒网

第三篇

卓识远见

右军、太傅共登城

王右军与谢太傅共登冶城，谢悠然远想，有高世之志。王谓谢曰：“夏禹勤王，手足胼胝（pián zhī）；文王旰（gàn）食，日不暇给（jǐ）。”

——《世说新语》

梳理故事结构

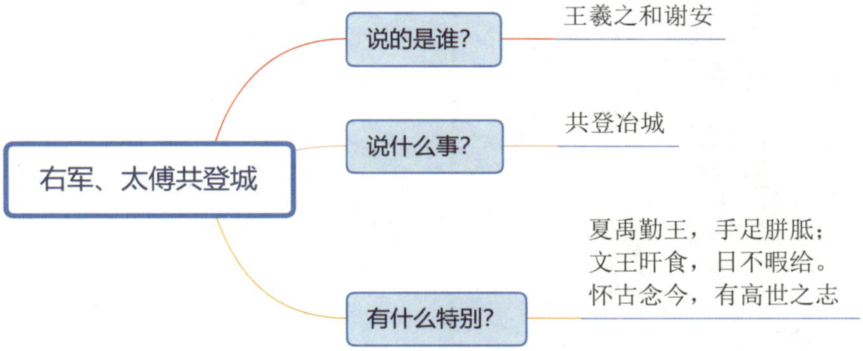

说说文章内容

故事里的王右军就是王羲之，因曾任右军将军被称为“王右军”。谢太傅就是谢安，字安石，孝武帝时位至宰相。

本则故事讲述了王右军与谢太傅一起登上冶城，谢太傅悠然地凝神遐想，有超世脱俗的心意。王右军对他说：“夏禹为国事辛劳，连手脚都长满了老茧；周文王因心忧且事务繁忙，直到晚上才吃饭，每日没有一点儿空闲的时间。”

故事中提到的“冶城”，据《扬州记》记载为“吴时鼓铸之所，吴平，犹不废。王茂弘所治也”（冶城是三国时期吴国铸造战鼓的地方，吴国灭亡之后，冶城依然铸造战鼓，现在在王茂弘的管辖下）。这个冶城的旧址，就在现在的南京市朝天宫一带。而故事中提到的夏禹与周文王的故事，其实在《帝王世纪》和《尚书》中也有记载。《帝王世纪》中曾提到：“禹治洪水，手足胼胝。世传禹病偏枯，足不相过，今称禹步是也。”（大禹治理洪水时，手脚之上都结满了老茧。传说大禹后来患了半身不遂的疾病，前脚迈出后后脚无法迈过前脚，只能在身后拖行，现在称这种病为禹步。）《尚书》中记载：“文王自朝至于日昃（zè），不遑暇食，用咸和万民。”（周文王自早晨工作到太阳偏西，即约未时，都没有空闲吃饭，以这样的操劳来带领天下百姓。）

理解重点词语

手足胼胝

手足胼胝 手掌和脚底都长了老茧，形容人勤奋劳苦。《荀子》：有人于此，夙兴夜寐，耕耘树艺，手足胼胝，以养其亲。

日不暇给

日不暇给 形容事务繁忙，没有空闲。《汉书》：虽日不暇给，规摹弘远矣。

互文扩展阅读

谢安与王羲之虽相差十七岁却相交甚笃，这是为什么呢？下面的故事或许能帮你找到答案！

谢安之所以与王羲之投缘，首先是因为他曾跟着王羲之练过书法。《晋书》曾提到谢安“及总角，神识沈（同“沉”，现在通常写作“沉”）敏，风宇条畅，善行书”。古时儿童束发为两结，向上分开，形状如角，被称为总角，后也借指童年。也就是说，谢安在十一二岁的时候就机灵聪慧，出手不凡，进步很快。而他是受王羲之的影响才开始学习书法的。《太平广记》中记载：“谢安字安石，学正于右军。右军云：‘卿是解书者，然知解书为难。安石尤善行书，亦犹卫洗马，风流名士，海内所瞻。’王僧虔云：‘谢安入能书品录也。安石隶、行、草并入妙。’”

除此之外，还有第二个原因，是两家人已结秦晋之好。谢安长兄谢奕之女谢道韫是个才华横溢的诗人，她嫁给了王羲之次子王凝之。凝之得其父真传，在书法上也颇有成就，工草书、隶书，仕至江州刺史、左将军、会稽内史。而且王羲之的伯伯王导之孙王珣（xún）娶了谢安侄女为妻，王珣之弟王珉也娶了谢安之女为妻。

创意表达运用

本则故事描写了王羲之和谢安共登冶城时，王羲之用夏禹、文王勤于政事的典故劝勉谢安采取行动，报效国家。其实朋友之间相互规劝是非常好的事，请你也用一则典故来劝勉你的好朋友勤于学业吧！

____

____

____

____

吾门中久不见如此人

桓大司马病，谢公往省病，从东门入。桓公遥望叹曰：“吾门中久不见如此人！”

——《世说新语》

梳理故事结构

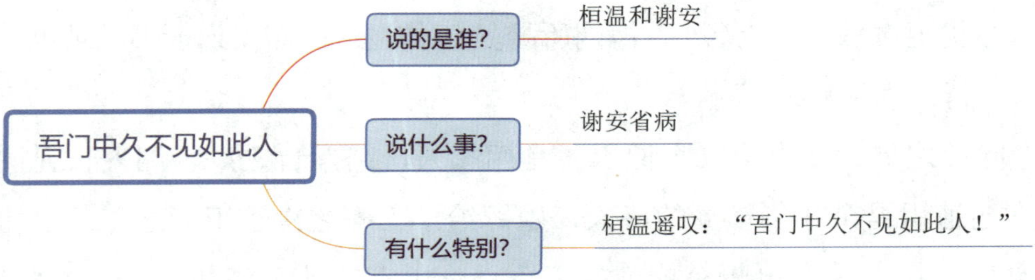

说说文章内容

这则故事说的是桓温和谢安的故事，这里的桓大司马指的就是桓温。当时他生病了，谢安前去探望，从东门进入。桓温隔着老远望见他，感叹道：“我的家中许久见不到这样的人了！”

故事中的桓温和谢安都是名声显赫且富有卓识远见的政治家。正所谓英雄眼中识英雄，这则故事其实讲的是桓温对谢安的赞赏。不过实际上他们的政治立场并不一致，因此彼此之间的关系其实不太好。桓温是一位权臣，他独揽朝政十余年，有意夺取帝位，因此桓温虽然极为欣赏谢安，但二人仍因为政治立场不同有很多矛盾。在这则故事中，桓温对谢安不吝赞扬之情，其实也带有一点儿“如此良才无法为己所用”的遗憾吧！

理解重点词语

省

省

1. 探望，看望（父母或其他年辈比自己大的亲属）。《史记》：皇帝春游，览省远方。

2. 反省，检查。《劝学》：君子博学而参省乎己。

3. 记忆，记起。《野菊》：清樽相伴省他年。

4. 减省，减少。《韩非子》：顺人则刑罚省而令行。

你觉得“谢公往省病”中的“省”是什么意思呢？可以联系上下文思考一下哦！

互文扩展阅读

惮其旷远

桓公伏甲设馔（zhuàn），广延朝士，因此欲诛谢安、王坦之。王甚遽，问谢曰：“当作何计？”谢神意不变，谓文度曰：“晋阼（zuò）存亡，在此一行。”相与俱前。王之恐状，转见于色。谢之宽容，愈表于貌。望阶趋席，方作洛生咏，讽“浩浩洪流”。桓惮其旷远，乃趣解兵。王、谢旧齐名，于此始判优劣。

——《世说新语》

这则故事说的是：桓温埋伏好甲兵摆下宴席，请朝中的大臣都来赴宴，准备趁此杀掉谢安、王坦之。王坦之很害怕，问谢安："有什么办法吗？"谢安神色不变，对王坦之说："晋室的存亡，在此一行。"于是和他一起赴宴。王坦之内心的恐惧，越发在脸上显现出来。谢安的沉着从容，也更是表露在外。他向着台阶走到座位上，还像洛阳书生那样，拖着浓重的鼻音，吟诵嵇康的"浩浩洪流"诗句。桓温被谢安旷达高远的气度所慑服，就急忙撤掉了伏兵。王坦之、谢安以前齐名，自此以后，二人的优劣就分辨出来了。

创意表达运用

本则故事描写了谢公与桓大司马之间的一个小故事，他们二人虽政见相左，但却能欣赏彼此的才华。其实我们身边也有一些不常交往的人，或是平时有过摩擦的人，你可以试着去发现他们身上的优秀品质，和我们分享你的发现吧！

体悟人物品格和精神——说说桓温

桓温，字元子，东晋谯国龙亢（今安徽怀远西北）人，晋明帝司马绍的女婿。他是东晋政治家、军事家，独揽朝政十余年，在灭成汉之后声名大噪。他战功累累，有意夺取帝位，但因为受制于朝中王谢势力而未能如愿，最后病死。他的儿子桓玄建立桓楚后，追尊他为"宣武皇帝"。

从一个人的生平来判断一个人的品行容易管中窥豹，请你试着从下面两则故事中体会不一样的桓温吧！

金城叹柳

桓公北征经金城，见前为琅邪时种柳，皆已十围，慨然曰："木犹如此，人何以堪！"攀枝执条，泫然流泪。

——《世说新语》

桓温第二次北伐时，途经金城，看见自己早年担任琅琊内史时栽种的柳树都已经有十围（围，计算圆周的约略单位，指两臂合抱的长度）那么粗壮，感慨道："树木尚且如此，人又怎么能忍受（岁月的消磨）呢！"他攀着树枝，抓住柳条，不禁泫然泪下。

犹患其重

桓公在荆州，全欲以德被江、汉，耻以威刑肃物。令史受杖，正从朱衣上过。桓式年少，从外来，云："向从阁下过，见令史受杖，上捎云根，下拂地足。"意讥不著。桓公云："我犹患其重。"

——《世说新语》

桓温担任荆州刺史时，一心想在江汉地区施行德政，不想靠酷刑威慑百姓。令史受杖刑，木棒只是从官服上擦过。桓式对桓温说："刚才我从官署门前经过，看到令史受刑，木棒举起时拂过云彩，落下时掠过地面。"他讥讽这些木棒根本没有打到人。桓温却说："我还担心打得厉害了呢。"

窃喜儿辈大破贼

谢公与人围棋，俄而谢玄淮上信至。看书竟，默然无言，徐向局。客问淮上利害，答曰："小儿辈大破贼。"意色举止，不异于常。

——《世说新语》

梳理故事结构

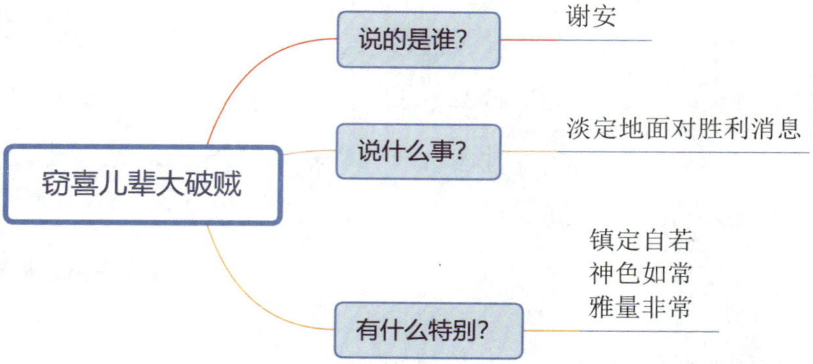

说说文章内容

这则故事中提到的谢公，就是"谢太傅寒雪日内集中"的谢太傅谢安。故事讲的是他在和客人下围棋，过了一会儿，谢玄从淮河战场上派出的信使到了。谢安看完信，默不作声，又慢慢地下起棋来。客人问他淮河战场上的胜败情况（文中的"利害"指战况），谢安回答说："孩子们大破贼兵。"说话间，神色、举动和平时没有两样。谢安听到这样一个好消息，却神色如常，可见他雅量非常啊！

故事中提到的战争指的是淝水之战：公元383年，前秦苻（fú）坚发兵分道南侵，企图灭晋，军队屯驻淮水、淝水间。当时晋朝谢安受命为大都督，并派他的弟弟谢石、侄子谢玄率军在淝水坚拒苻坚军，苻坚大败。这次战役关乎晋国存亡，是一次以少胜多的战例，打得十分漂亮，充分证明了谢安的指挥和军事才能。

这则故事选自《世说新语·雅量》，雅量的意思是宽容的气量，其中记载的都是魏晋时期名士的故事。魏晋讲究名士风度，要求注意举止、姿态的旷达、潇洒，强调七情六欲都不能在神情态度上流露出来，不管内心活动如何，只能深藏不露，表现出来的应是宽容、平和、若无其事。也就是说，见喜不喜，临危不惧，处变不惊，遇事不改常态，这才不失名士风流。所以“喜怒不寄于颜”的嵇康和“意色举止，不异于常”的谢安都是具有雅量的名士。

理解重点词语

小儿破贼

小儿破贼 比喻在年纪轻的时候就建立功业。《世说新语》：答曰：“小儿辈大破贼。”意色举止，不异于常。

互文扩展阅读

这则故事中说的淝水之战关乎晋国存亡，谢安怎会不知它的重要性呢？而且这场战役代表了谢安作为政治家和军事家的成功，至今仍是历史上以弱胜强的经典战例。

《世说新语》的语言精练，但同样一则故事在《晋书》中又增添了一些细节，请你对比着读读看。

玄等既破坚，有驿书至，安方对客围棋，看书既竟，便摄放床上，了无喜色，棋如故。客问之，徐答云："小儿辈遂已破贼。"既罢，还内，过户限，心喜甚，不觉屐齿之折，其矫情镇物如此。

——《晋书》

《晋书》记载：棋局终了，谢安"还内，过户限，心喜甚，不觉屐齿之折，其矫情镇物如此"。谢安亦自嘲"我这矫情镇物，今番被点破了"。可见他不过是用强大的理智克制住了本能情感，真是个真实、可爱的谢公。

创意表达运用

本则故事描写了谢安听到淝水之战胜利的好消息后神色如常，而《晋书》里则对谢安"心喜甚"进行了侧面描写。其实听到这种好消息，他的内心肯定是起伏万千的，你可以试着写一写谢安在听到这个好消息时的心理活动吗？注意要把他自嘲"矫情镇物如此"的有趣劲儿写出来哦！

体悟人物品格和精神——说说谢安

谢安，字安石，东晋陈郡阳夏（今河南太康）人，出身士族，有盛名。谢安在年余四十时始出仕，在孝武帝时，位至宰相。在淝水之战中，他受命为大都督，沉着指挥，最终取得淝水大捷。后来会稽王司马道子执政，谢安被排挤，出镇广陵（今江苏扬州），不久后回京病死。

谢安的生平经历十分精彩，让我们来看看典故中的少年谢安的言谈风度吧！

此客亹（wěi）亹

谢安少年时，曾拜访名士王濛，与王濛清谈多时，他离去后，王濛之子王修问道："刚才谈话的客人是什么样的大人物？"王濛说："这位客人勤勉不倦，日后定将咄咄逼人。"

我们再来看看中年谢安为人父的智慧。

言传身教

一次，谢安的夫人刘氏问谢安："怎么从来没见到你教育孩子？"谢安回答道："我总是用我的言行来教育孩子。"

还有很多典故都和谢安有关哦，有兴趣的同学可以在课后去了解一下！比如"安石碎金""小草远志""王题谢墩""洛下书生咏"等。

谢太傅盘桓东山

谢太傅盘桓东山时，与孙兴公诸人泛海戏。风起浪涌，孙、王诸人色并遽（jù），便唱使还。太傅神情方王，吟啸不言。舟人以公貌闲意说，犹去不止。既风转急，浪猛，诸人皆喧动不坐。公徐云："如此，将无归！"众人即承响而回。于是审其量，足以镇安朝野。

——《世说新语》

梳理故事结构

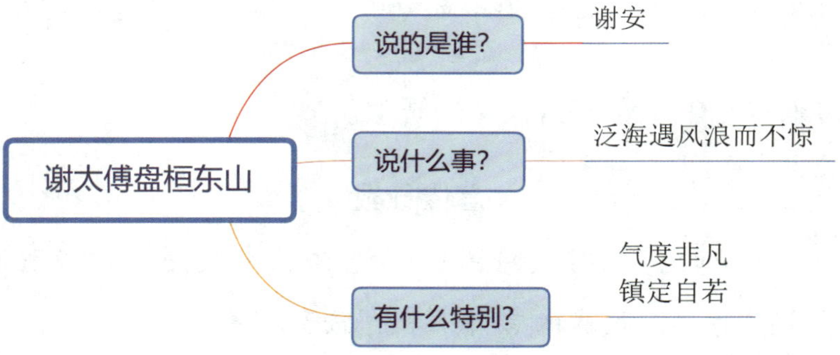

说说文章内容

在《世说新语·雅量》中出现了许许多多旷达潇洒、清雅从容的魏晋名士。"魏晋风度"甚至可以说是中国文化史上的一个专有名词，它代表了那些不为物累、任性恣意、风雅潇洒的人生态度。这则故事主要讲述了其中的代表人物谢安。

谢安一直以来都以清谈知名，他屡次辞去官职，隐居在会稽山。而提到会稽山，大家就一定会想到大书法家王羲之。当时谢安隐居在会稽山的东山，时常和孙绰（chuò）、王羲之等人坐船到海上游玩。有一次海上起了风，浪涛汹涌，孙绰、王羲之等人都惊恐失色，便提议掉转船头回去。可是谢安这时却精神振奋，兴致正高，又朗吟诗文又吹口哨。船夫看着谢安神态安闲、心情舒畅的样子，便仍然摇船向前。过了一会儿，风势更急了，浪更猛了，大家都不安地叫嚷起来，有的起身离开了位置，谢安却慢条斯理地说："如果都这样乱成一团，我们就回不去了！"大家听了，立刻冷静下来，纷纷坐好，后来也就安全返回了。

经过了这件事，人们越加觉得谢安气度非凡，认为他完全能够镇抚朝廷内外，安定国家。事实证明，谢安的确有这样的能力，他把国家看得很重，虽然他喜欢闲散恬淡的生活，但是当国家有了危难的时候，他毅然决然地选择了带兵出征。他以八万士兵对抗敌军的八十万大军，且在面对敌人时，丝毫没有因为自己手中的兵力少就面露怯色，而是镇定自若，凭借强大的心理打赢了艰难的战争。淝水之战使得谢安成了国家的风云人物，他从自己隐居的东山再回到朝廷立功，因此，便有了"东山再起"这个成语。

理解重点词语

东 山 再 起

东山再起 东晋时，谢安曾经辞官隐居会稽东山，后来又出山做了大官，指再度出任要职，也比喻失势后复起。《晋书》：隐居会稽东山，年逾四十复出为桓温司马，累迁中书、司徒等要职，晋室赖以转危为安。

喧动

喧动 喧哗骚动，不宁静。喧，意思是声音大而嘈杂。《世说新语》：既风转急，浪猛，诸人皆喧动不坐。

互文扩展阅读

《送綦（qí）毋潜落第还乡》

王维

圣代无隐者，英灵尽来归。遂令东山客，不得顾采薇。
既至金门远，孰云吾道非？江淮度寒食，京洛缝春衣。
置酒临长道，同心与我违。行当浮桂棹，未几拂荆扉。
远树带行客，孤城当落晖。吾谋适不用，勿谓知音稀！

你觉得这里的“东山客”指的是像谁那样的人呢？

创意表达运用

本则故事描写了谢公泛海时的镇定自若，与旁人的惊慌失措形成对比，这种对比的写法也可以用在我们的写作中，你可以试着写一写同一件事发生时两种人不同的反应，从而体现他们不同的性格。

第四篇 宽容豁达

小古文大发现　古人品格之旷

嵇康喜怒不寄于颜

王戎云："与嵇康居二十年，未尝见其喜愠之色。"

刘孝标注引：《康别传》曰："康性含垢藏瑕，爱恶（wù）不争于怀，喜怒不寄于颜。所知王濬（jùn）冲在襄城，面数百，未尝见其疾声朱颜。此亦方中之美范，人伦之胜业也。"

——《世说新语笺疏》

梳理故事结构

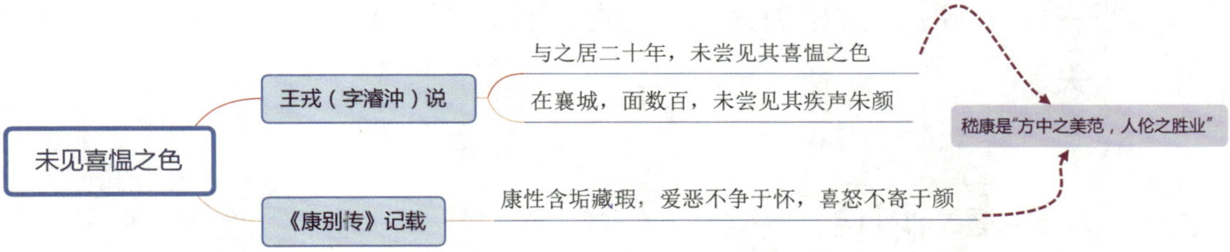

说说文章内容

本则小古文说的是王戎评价嵇康说与其在一起生活了二十年，从没看见过他突然欢喜和恼怒的样子。文中提到的王戎，字濬冲，自小聪明绝顶，能推测"道旁苦李"，与嵇康同为竹林七贤。竹林七贤指魏晋间的嵇康、阮籍、山涛、向秀、刘伶、王戎和阮咸。因为他们常常在当时的山阳县竹林之中纵情喝酒、放声歌唱，肆意酣畅，所以世人称其为"竹林七贤"。

嵇康的豁达大度在《康别传》里也有记载：嵇康生性宽厚大度，心大得能容天下难容之事，爱好和厌恶的人或事也从不放在心里，喜怒也从来不表现在脸上。王濬冲也曾住在襄阳城，和嵇康见过数百次，从来没见过嵇康大声说话，或者和别人生气。这大概可以称得上是世间美好的风范，也算是人道伦理的伟业了啊。刘孝标为《世说新语》的这段文字所做的注就引用了这段记载。

嵇康是竹林七贤中最具影响力的一位。许多书籍上都有对嵇康的介绍，比如《康集叙》中曾记述："康字叔夜，谯国铚人。"（嵇康，字叔夜，谯国铚县人。）王隐《晋书》中记载："嵇本姓奚，其先避怨徙上虞，移谯国铚县。以出自会稽，取国一支，音同本奚焉。"（嵇康原本姓奚，他的祖先为了躲避仇家而迁徙去了上虞，即谯国铚县。因为他来自会稽，便选取与故乡的读音和本姓"奚"相近的一种姓氏，即"嵇"。）虞预《晋书》中记载："铚有嵇山，家于其侧，因氏焉。"（铚县有一座嵇山，嵇康祖上就居住在嵇山旁，因此便以"嵇"作为自己的姓氏。）《文章叙录》中记载："康以魏长乐亭主婿迁郎中，拜中散大夫。"（嵇康从长乐亭主婿升迁为郎中，官拜中散大夫。）

理解重点词语

喜愠之色

愠 恼怒。喜愠之色，意思是欢喜和恼怒的样子。

《论语》：人不知而不愠，不亦君子乎？

《说文》：愠，怒也。

《仓颉（jié）篇》：愠，恨也。

含垢藏瑕

含垢藏瑕 包容污垢，隐匿缺失，形容宽宏大度。

你发现了吗？本则故事中的“含垢藏瑕”就是用来形容嵇康的宽宏大度的。你还知道哪些词语与这个词有同样的意思吗？你可以了解一下这些词：海纳百川、明月入怀、休休有容、宽容大度。

互文扩展阅读

本则故事让我们看到了一个含垢藏瑕的嵇康，我们还可以从诗句中体会他的其他品格特点！

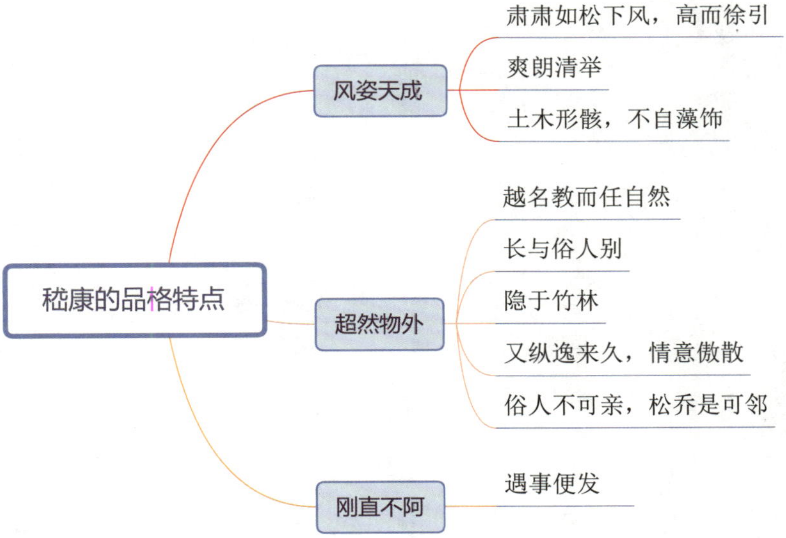

创意表达运用

本则故事描写了含垢藏瑕的嵇康，通过其他人对他“未见愠色”的评价以及书籍中对他的记载和褒扬来突出他的人物性格。请你也试着写一写某个人的一个特点，并通过其他人的话来进行佐证。

标题（某人＋他/她的个性特点）

某某云：______________________________

某某曰：______________________________

所知某某与之__________________________

此乃________________________________

不责盗

王子敬夜卧斋中，有群偷入室，盗物都尽。王徐曰：“青毡我家旧物，可特置之。”

何宗道名伦，江山人，家贫，事母孝。年二十七，始发愤读书。盗夜入其室，窃器物。何觉而不呼。将取釜，始言曰：“盍（hé）留此，备吾母晨炊？”盗赧（nǎn）然，委之而去。

——《古今谭概》

梳理故事结构

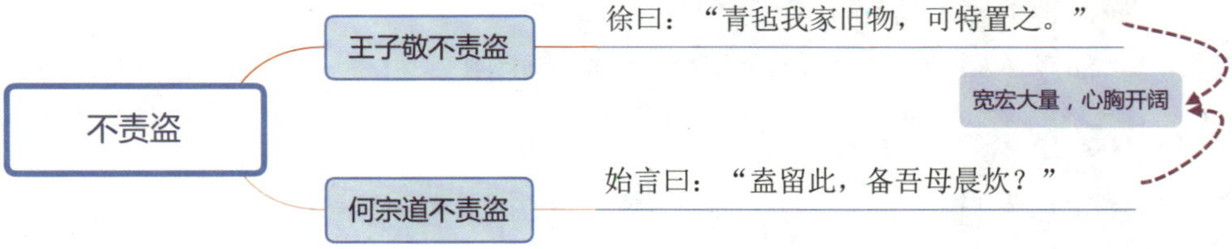

说说文章内容

第一则故事讲述了大书法家王子敬（即王献之，字子敬）为人宽宏大量。一天夜里，他因工作到深夜就睡在书房，恰好有几个小偷潜入书房，把书房内值钱的东西都装了起来。当小偷还想偷一块旧毡子时，王献之说：“你们把值钱的东西都拿走，但青毡是我家祖上传下来的旧物，千万给我留下。”这就是“旧物青毡”典故的由来。

第二则故事中提到的何宗道，是江山人，家里很贫穷，很孝顺母亲。他二十七岁时才开始发愤读书。一天晚上，小偷趁着夜色潜入他家偷东西。他觉察到了，但是并没有大声地呼喊。直到小偷想要把家里唯一的一口锅也偷走，他才开始说："可以把锅留下吗？我明天早上给母亲做饭用！"贼人惭愧得满脸通红，把锅放下就离去了。

故事中的两位主人公都是胆色过人、宽宏大量、心胸开阔的人。他们面对盗贼，不惊不惧，且要求盗贼留下物件的原因，也都让人肃然起敬，不得不为魏晋时代的这些大家点一个赞。

理解重点词语

旧物青毡

旧物青毡 指家传的故物，比喻珍贵之物。亦作"青毡"。

《水仙子·归兴》：算青毡故物难离，请图作村夫子，去教些牛舍儿，归矣茅茨。

《与任城许主簿游南池》：晨朝降白露，遥忆旧青毡。

《隐居通议》：慨青毡之未复，誓铁砚以相从。

赧然

赧然 形容难为情、惭愧脸红的样子。

《夜谭随录》：众闻之，无不赧然，如芒在背，多有逃席而去者。

《韩诗外传》：孟尝君赧然，汗出至踵。

《上杜司徒书》：始赧然以愧，又缺然以栗。

《聊斋志异》：女子索镜自照，赧然趋出，寻之已杳。

互文扩展阅读

于令仪济盗成良

曹州于令仪者，市井人也，长厚不忤物，晚年家颇丰富。一夕，盗入其家，诸子擒之，乃邻舍子也。令仪曰："汝素寡悔，何苦而为盗邪？"曰："迫于贫耳！"问其所欲。曰："得十千足以衣食。"如其欲与之。既去，复呼之，盗大恐。谓曰："汝贫甚，夜负十千以归，恐为人所诘。"留之，至明使去。盗大感愧，卒为良民。乡里称君为善士。君择子侄之秀者，起学室，延名儒以掖之。子伋（jí）侄杰、仿举进士第，今为曹南令族。

——《渑水燕谈录》

创意表达运用

这则故事写了两位面对盗贼不惊不惧、宽宏大量、心胸开阔的名士，请你试着想一想，在听到他们的话后，盗贼会想些什么、说些什么。请你补充在下面的横线处。

王徐曰："青毡我家旧物，可特置之。"

有一贼赧然曰："＿＿＿＿＿＿＿＿＿＿＿＿＿＿＿＿＿＿＿＿。"

近日颇多贼

近日颇多贼，两夜皆来入吾室。吾近护魏王葬，得数千缗（mín），略已散去，此梁上君子当是不知耳。

——《东坡志林》

梳理故事结构

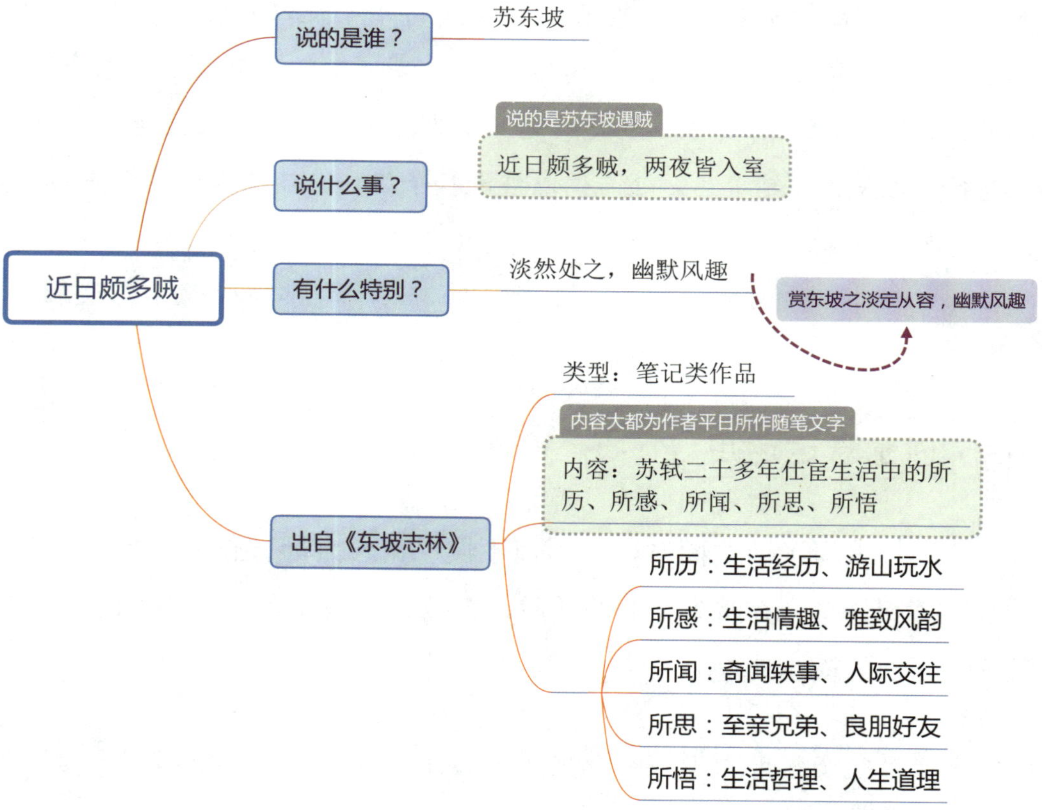

说说文章内容

文言中，有讲述治国理政、人生经历这样大学问、大命题的经史子集，也有生动活泼展现古代文人雅士嬉笑怒骂等真性情的笔记类作品。而这则有趣的、让人忍俊不禁的故事，就出自一本叫《东坡志林》的笔记类作品。说到东坡，大家肯定会联想到我们古代著名的诗人苏东坡——苏轼。所以这本书，其实就是东坡先生陆陆续续记录下来的笔记。

那么这则故事主要讲述的是什么呢？东坡先生抱怨："近几天怎么贼那么多啊，连续两个晚上都到我房里偷东西。想来他们知道我最近刚好去护魏王的葬礼，魏王去世之后富葬，我因他的葬礼'得数千缗'（缗，穿线的绳子，借指成串的铜钱，古代也作量词使用，通常以一千文为一缗）。但是这些钱我几乎都用完啦。梁上君子是不知道这件事的。"这里的梁上君子专门指偷东西的小偷，因为他要爬到房梁上，雅称其为梁上君子。你说苏东坡调皮不调皮，我们要是碰到贼肯定吓得大喊大叫，但是苏东坡对此却坦然、淡然，甚至有点欣欣然，说"近日颇多贼，两夜皆来入吾室"，好像来的不是贼，而是他的朋友。"吾近护魏王葬，得数千缗"，然"略已散去"，表明钱用得差不多了。"此梁上君子当是不知耳"意思是这件事情梁上君子不知道，所以他一天又一天地来偷我的东西。言下之意好像是这件事情梁上君子不知道，我们也不要告诉他，让他接着来，你看这就是调皮的苏东坡。

理解重点词语

梁上君子

梁上君子 梁，指房梁。躲在房梁上的君子自然是窃贼、小偷，所以后来也用“梁上君子”来代称“窃贼”。《后汉书》：时岁荒民俭，有盗夜入其室，止于梁上。……梁上君子者是矣！

古文中还有许多有意思的代称，让我们一起来看看吧！

- 古文中有意思的代称
  - 尺素
    - 代称：书信
    - 出处：《饮马长城窟行》尺素书
    - 秦观《踏莎行》：驿寄梅花，鱼传尺素。
  - 烂柯
    - 代称：离家很多年
    - 出处：《述异记》晋人王质视斧柯烂尽
    - 陆游《东轩花时将过感怀》：还家常恐难全璧，阅世深疑已烂柯。
  - 柳营
    - 代称：纪律严明的军营
    - 出处：《史记》周亚夫军细柳
  - 高卧
    - 代称：隐居不仕
    - 出处：《世说新语》东晋谢安辞官，高卧东山
    - 李白《梁园吟》：东山高卧时起来，欲济苍生未应晚。
  - 青衿
    - 代称：读书人
    - 出处：《诗经》青青子衿
    - 杜甫《折槛行》：青衿胄（zhòu）子困泥涂，白马将军若雷电。

请你查找资料，找一找以下这些代称的含义和来历吧！比如：桑梓、抱柱、桑榆、金乌、采薇、汗青、梨园。

创意表达运用

苏轼幽默风趣地表达了自己对家里连日遇贼的看法，请你也试着用幽默的方式表达自己对此的看法，注意要用上小古文的表达方式哦！

近日颇多贼，两夜皆来入吾室，________________________，此梁上君子当是不知耳。

体悟人物品格和精神——说说苏东坡

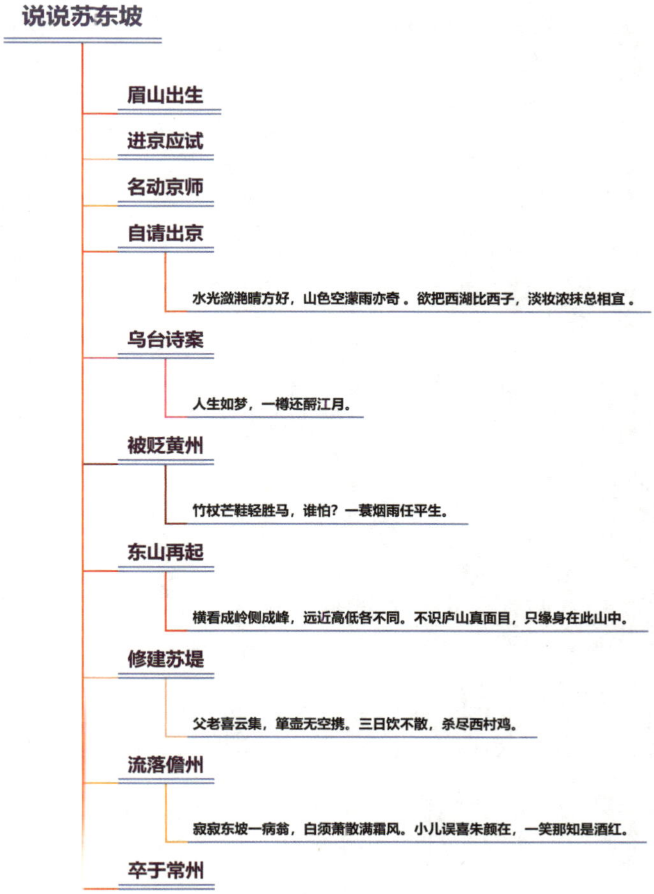

第五篇

潇洒自在

小古文大发现　古人品格之旷

顾长康啖（dàn）甘蔗

顾长康啖甘蔗，先食尾。问所以，云：“渐至佳境。”

——《世说新语》

梳理故事结构

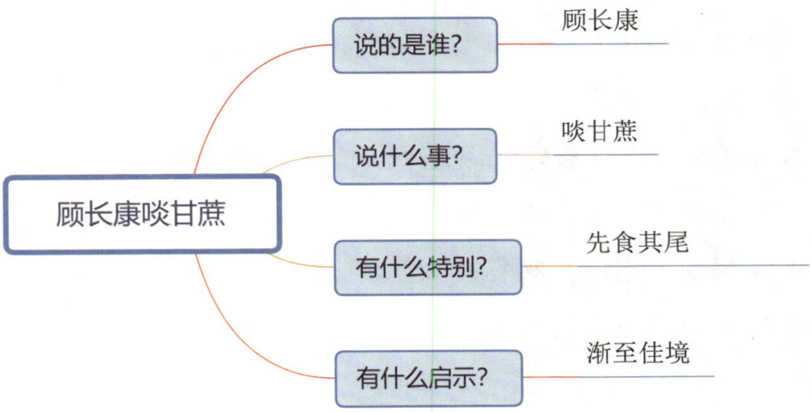

说说文章内容

甘蔗我们都熟悉，很多人都吃过。我们吃甘蔗一般是吃甘蔗的根，因为这部分最甜。即使牙口不好，我们肯定也先吃中间的，又甜又嫩。但是顾长康吃甘蔗跟别人吃不一样，“顾长康啖甘蔗，先食尾”，意思是说他吃甘蔗先从甘蔗梢吃起。但甘蔗梢是最不甜的地方。所以人们就奇怪了，“问所以”，即有人问这是为什么。在这里，“云”是“说”的意思。顾长康说“渐至佳境”，即吃着慢慢地就吃到最好的地方了，越吃越有味道，所以顾长康觉得，从甘蔗梢吃起能够越吃越甜，渐至佳境。

理解重点词语

啖

啖 “啖”字是口字旁的，说明和吃有关，表示吃的意思。

《惠州一绝》：日啖荔支三百颗，不妨长作岭南人。

你还知道哪些字可以表示“吃”的意思吗？

《戏作俳谐体遣闷二首》：家家养乌鬼，顿顿食黄鱼。

《水调歌头》：鲸饮未吞海，剑气已横秋。

《遭田父泥饮美严中丞》：田翁逼社日，邀我尝春酒。

《元日》：咀橘齿病酸，目已惊老态。

《苏武》：渴饮月窟冰，肌餐天上雪。

《宿竹阁》：清虚当服药，幽独抵归山。

你看，我们的中文是多么博大精深啊。光“吃”在古诗里就有这么多种表述方法。你们知道为什么诗人会选择用不同的字表示“吃”吗？让我们一起来看看吧！

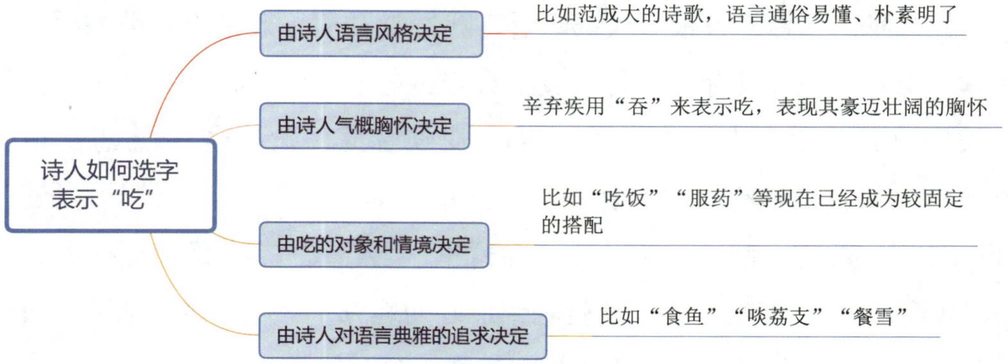

了解了这么多关于“吃”字的表达，你知道本则小古文中为什么要用“啖”字来表示“吃”吗？

说说“啖”字	
啖	在《古汉语常用字字典》中“啖”有以下几个意思： ①吃。《汉书》：与从官饮啖。 ②给吃。《侠客行》：将炙啖朱亥。 ③利诱。《九议》：可啖以利。 ④舔，咂。《三戒》：然时啖其舌。 ⑤通“淡”，味薄。《史记》：吕后与陛下攻苦食啖。
小小“啖”字大学问，不同吃法有意思	据高亨先生研究，在古书中，“啖”和“嗽”及“啗”因通假可以互用。此外，根据陕西历史博物馆张维慎先生和王锋先生的研究，这三个字意思虽相同，但具体使用时又分为以下几种情况： ①荒年、战乱时因缺乏食物会出现人民“自相啖食”或弱者被强者“嗽食”的惨剧； ②啖（或作啗）特指武将或战士的吃相，比如在鸿门宴上樊哙对生猪腿“拔剑切而啗（啖）之”； ③啖指饥饿病人的吃相，比如宋时，“江南逆旅中一老妇，啖物不知饱”。 ④对某些食物有偏爱的人，其吃相可用“啖”来表示。比如喜食牛肉的贾岛“啖牛肉得疾”，喜食五谷杂粮的北宋王文正太尉面对家人的玩笑仅一句“公唯啖饭而已”应对，喜食果类的杨玉环“日啖荔支三百颗”。
为什么本文中用“啖”字？	我们可以认为这里用“啖”字是因为顾长康对甘蔗有偏爱。 正如我们之前列举的《元日》中的“咀”有细嚼慢咽的老态龙钟之感，《苏武》中的“餐雪”将冰雪当作美餐，表现出不畏艰苦孤寒的爱国情怀。这些字不仅为了表现事物本身的含义，也寄托了文人的情思。 画如其人，文如其人，顾长康“啖甘蔗”，“得其神”，一个“啖”字表现出他的痴迷、痴黠和痴智。

原来一个“吃”字就能有这么多的学问。其实古代文人历来注重炼字，比如贾岛关于“僧推月下门”和“僧敲月下门”的推敲故事已传为佳话，贾岛“二句三年得，一吟双泪流”的苦吟精神至今被学子吟唱。其实无论是韩愈展现唐人的风采和气魄的“敲”字，还是贾岛吟出了诗僧本心的“推”字，它们都展现了中文令人叹服的魅力和博大精深。可见，古代的诗词体现了无尽悠远的意境，文言则体现了炼字的表现力，做文章不必拘于一处，随心自在自然可以渐至佳境。

互文扩展阅读

古人把“渐至佳境”当作成语来使用，但有时候也用“啖蔗”这个典故来入诗，表达“渐至佳境”的意思。让我们一起来读一读下面这些关于“啖蔗”或“噉蔗”的诗句，看看你能不能理解其中的意思。

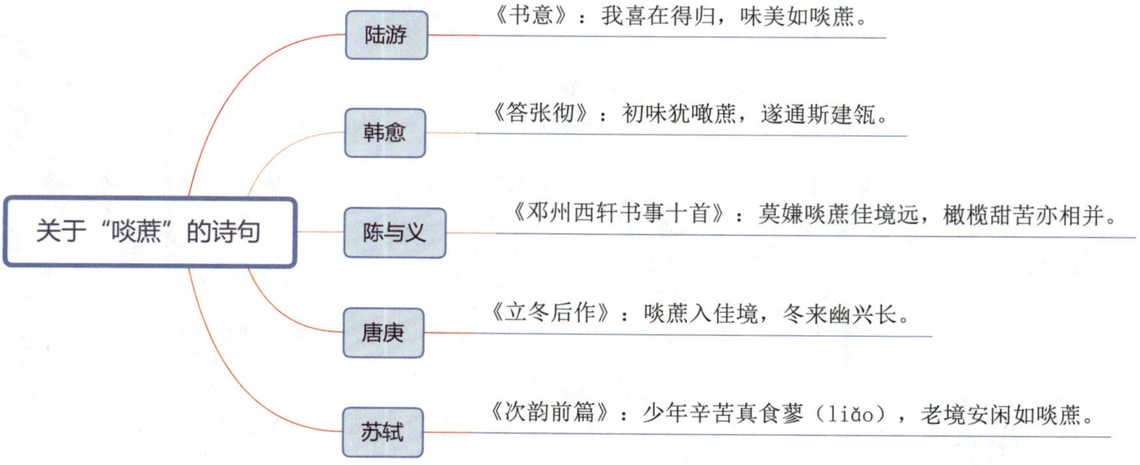

创意表达运用

主题词：渐至佳境

小明做题喜欢先难后易，他觉得这样越做越有劲道，慢慢就越做越好了，这个叫________。

我们爬山的时候，爬着爬着就感觉离顶峰更近了，越来越有劲儿，真可谓是________。

你能仿照上述内容说一说什么情况是“渐至佳境”吗？

你的生活中还有哪些渐至佳境的事呢，请你也尝试着用文言来写一写。

提示：要找到特别之处哦！

顾长康	啖甘蔗	先食尾	云：渐至佳境
↓	↓	↓	↓
（谁）	（做什么）	（怎么做）	（为什么这么做）
（独特意趣）			

本则故事对顾长康的描写方式，可以说与顾长康作画的方法有异曲同工之妙，都是抓住人物的特点，以典型的事例、意在笔先的方法来表现人物。人们取笑他居然从甘蔗梢吃起，顾长康却淡然自若地说这样吃越吃越甜、渐至佳境，幽默风趣地化解了尴尬，充分展现出顾长康的智慧和气度。你看，文言表达不过寥寥数语，却生动传神，跃然纸上。

请你试着用几个关键信息描写一下你身边让你印象深刻的人：

对谁印象深刻？________________

他的特点是什么？________________

举一个典型事例________________

体悟人物品格和精神——说说顾长康

顾长康，就是东晋著名的画家顾恺之，字长康，小字虎头。顾恺之擅长画人物肖像以及神仙、佛像、禽兽、山水等，他画人时注重点睛，自云“传神写照，正在阿堵中”，当时的人们称赞他“才绝、画绝、痴绝”。现流传于世的《女史箴（zhēn）图》《洛神赋图》是早期的摹本。

说起顾长康的“痴”有这样几个典故：他根据父亲的描述一遍又一遍地给母亲画像，直到父亲说“像极”才满意地放下画笔，这体现了他的“痴迷”；而《世说新语》中其吃甘蔗“先食尾”的故事则蕴含了深厚的生活哲理，这体现了他的“痴智”。细品这些轶事，不难体会出他痴黠参半的人生哲学。

唱莲花道情

苏郡祝允明、唐寅(yín)、张灵，皆诞节猖狂。尝雨雪中，作乞儿鼓节，唱《莲花落(lào)》，得钱沽(gū)酒野寺中，曰：“此乐惜不令太白知之！”又尝披氅(chǎng)持篮，相与跻(jī)虎丘，为道人唱。有客吟颇涩，乃借笔疾书数韵，云烟满纸，翻然而逝。客纵迹之，不得，遂疑为仙。

此真仙，又何疑！

——《古今谭概》

梳理故事结构

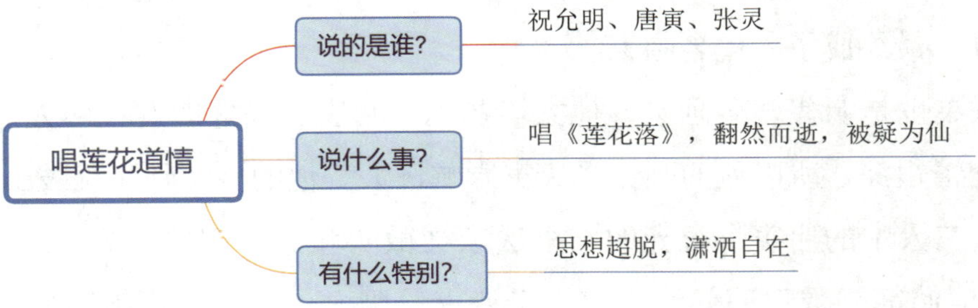

说说文章内容

明代苏州有三位大才子：祝允明、唐寅、张灵。这三个人都放纵不羁，举止洒脱狂妄。他们虽然是才子，却丝毫不在意别人怎么看他们。他们曾经在纷纷扬扬的大雪中扮作乞丐，敲着竹板，唱着民间乞丐乞讨时候唱的《莲花落》向过路人乞讨，并将乞讨来的钱都用来买酒买肉，然后在雪中旷野里，找一座破败的寺庙，点火烤肉吃。三个人一边尽情喝酒一边感叹：“只可惜这种乐趣没能让李白知道，他也没法和我们一起享受。”

三人还曾经在苏州风景名胜的虎丘，一起披着斗篷，提着竹篮，大声为过往的路人吟唱。有游客被他们这种洒脱的气质所吸引，想要和他们一起唱，但是无奈自己的行文生硬，三人为了帮助游客，就借笔快速地在纸上写下许多诗句。游客看后觉得他们的人与字都潇洒飘逸。正当围观者们惊呼不已的时候，他们三个人已经飘然离去。游客尾随他们想要追寻他们的踪迹，然而无论怎么找也找不到，于是便怀疑他们是神仙下凡。

对于这则故事中提到的三位才子，大家其实并不陌生。祝允明是明代著名的书法家、文学家，因长相奇特，且右手大拇指旁有一根枝生的手指，所以自称“祝枝山”。祝允明的文学造诣极高，擅长写诗文，书法造诣也十分高，后世流传着许多他的书法作品。

唐寅，字伯虎，就是我们熟知的“唐伯虎”，是明代著名的画家和文学家。他才华出众，二十九岁时考取了乡试第一，后入京考会试却因牵涉科场舞弊案而被罢免官职，这让唐寅丧失了原本入朝为官的进取心，从此游荡江湖，最终成了一代名画家。

张灵也是明代著名画家，他家境贫困，和唐寅是好朋友，两人志趣相投，交情很深。所以他的画作受唐寅影响极大。他的诗文师从祝枝山。

这三人中的唐寅、祝允明与书法家文徵明和徐祯卿并称为“吴中四才子”，他们都喜爱喝酒郊游，醉心于诗书绘画。也许是仕途不顺的相似经历让他们格外惺惺相惜，他们都选择放弃争权夺利，而在文学绘画中享受生活的乐趣，长期与艺术作伴使得他们的思想境界超脱旁人。正是因为他们将名利富贵视作身外之物，所以并不在乎谓名望和颜面，做事只求自己开心，活得格外洒脱。像这样活得自在又无所求的人，和神仙又有什么区别呢？这也是为什么冯梦龙最后会说“此真仙，又何疑！”哪里用怀疑，这些人就是真的神仙。

理解重点词语

诞节

诞节 放纵不羁。

猖狂

猖狂 随心所欲，无所束缚。

沽酒

沽酒 买酒。

古代文人爱酒、好酒，因此也在诗词中留下了很多“沽酒”的痕迹。

《鹧鸪天》：山远近，路横斜，青旗沽酒有人家。

《戏问花门酒家翁》：道傍榆荚青似钱，摘来沽酒君肯否。

《蜀葵花歌》：人生不得长少年，莫惜床头沽酒钱。

《南柯子》：记得年时沽酒、那人家。

《杭州春望》：红袖织绫夸柿蒂，青旗沽酒趁梨花。

《鹧鸪天》：沽酒市，采菱船。

《醉时歌》：得钱即相觅，沽酒不复疑。

互文扩展阅读

莲花落

民间曲艺的一种，亦称“莲花乐”“落子”，每段常以“莲花落、落莲花”等句子做衬腔或尾声。源于唐五代僧侣募化时所唱的“散花乐”，后为乞丐行乞时演唱，在宋元明时期广泛流行。清乾隆后在北京、天津等地的莲花落与“什不闲”合流，称“什不闲莲花落”，并出现专业演员，演唱内容渐多为民间传说。演唱者一二人，仅用竹板按拍。嘉庆后出现“彩扮莲花落”，增加节子、小锣等打击乐器，扮演人物故事，现今各地仍有不少演唱的。

莲花落的曲种，如绍兴莲花落、江西莲花落、闽东莲花落等，其演唱曲调多与当地民间音乐结合。

创意表达运用

本则故事描写的三位文人都在文学绘画中享受生活的乐趣，长期和艺术作伴使得他们的思想境界超脱旁人，所以才有人发出“此真仙，又何疑”的感叹。在你的生活中有这样潇洒自在、超脱于世俗外的人吗？请你也写一小段话来称赞一下他吧！

体悟人物品格和精神——说说吴中四才子

- 说说吴中四才子
  - 唐寅
    - 字伯虎，又字子畏，号六如居士、桃花庵主、逃禅仙吏等
    - 明画家、文学家
    - 工笔、写意俱佳，兼善书法，工诗文，文以六朝为宗
  - 徐祯卿
    - 字昌穀，一字昌国
    - 明文学家
    - 诗学白居易、刘禹锡，论诗主情致
  - 祝允明
    - 字希哲，号枝山
    - 明书法家、文学家
    - 诗文纵横开阖，茹含古今，尤工书法，以小楷、狂草名动海内
  - 文徵明
    - 初名壁，字徵明，以字行，更字徵仲，号衡山居士
    - 明书画家、文学家
    - 工行、草书，有智永笔意；绘画擅山水，亦工诗，宗白居易、苏轼

晒腹书

郝隆七月七日出日中仰卧。人问其故，答曰：我晒书。

东坡谓晨饮为“浇书”。李黄门谓午睡为“摊饭”。

——《古今谭概》

梳理故事结构

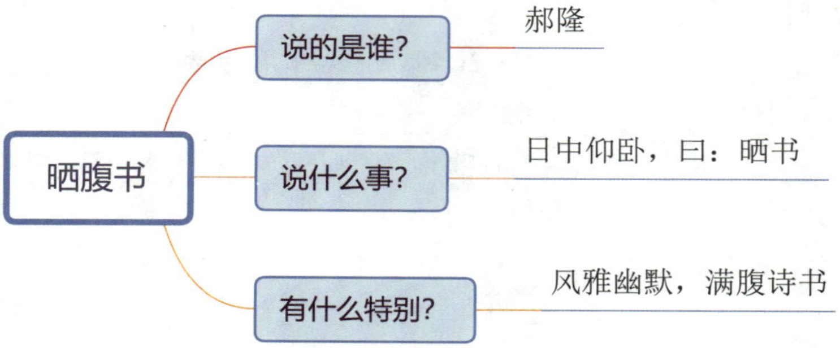

说说文章内容

本则故事讲述的是东晋时期，大司马桓温手下的参军郝隆博学多才，这里提到的大司马为武官之首，参军就是其幕僚。郝隆虽然才华横溢，但是却始终没有得到重用，于是他辞去职务回到故乡隐居。每年的七月七日，当地有晒衣服的风俗，而每到这一天，郝隆则解开自己的衣扣，袒胸露腹地晒太阳，人们问他在干吗，他傲然地回答：我在晒书。书在哪里？当然是在肚子里。这意思是说，我满腹经纶，肚子里全是书。

除了郝隆，宋代的苏东坡也很幽默！苏东坡认为，饮茶、饮酒须分时候，饮茶最好在午时，喝酒最好在卯时。卯时大概是清晨五点至七点、东方即白的时候，这时候畅快饮酒，可以顺便浇灌腹中的诗书，这就是所谓的晨饮为“浇书”。而后提到的李黄门指的是明代的李秦，李秦也是年少聪颖、腹有诗书的人，他把午睡称为“摊饭”，因为吃完午饭后午睡，就像把吃下去的午饭摊开来一样。与郝隆、苏东坡相比，李秦的比喻虽然没有那么雅致，但是用词也是十分形象、贴切的。

理解重点词语

晒腹书

晒腹书　晒太阳。

浇书

浇书　晨饮。

风雅幽默地把“晒太阳”“晨饮”分别说成“晒腹书”“浇书”，不仅体现了郝隆和苏东坡的腹有诗书，还从侧面表现了他们颇有生活情趣呢！

互文扩展阅读

脉望

脉望是传说中的一种虫子，据说它是由书蠹（dù）（专门吃书的虫子）变化来的。相传书蠹若吃掉书中的“神仙”二字三次，就会变成脉望。因有其会吃掉“神仙”二字这种充满神秘色彩的说法，所以古时流传读书人如果将脉望熬药喝了，日后便会高中。

此外，古人为了表达自己对书籍的热爱，会将自己的藏书室称为“脉望馆”等。

你瞧，古人的想象力可真丰富啊！传闻还有一种和脉望类似的虫子叫“鞠通”，你知道它的故事吗？请查阅资料，给大家讲一讲！

创意表达运用

本则故事描写了几个有趣的雅称，真是别有一番趣味。郝隆将晒太阳说成是“晒腹书”，那么你想把晒太阳说成什么呢？请试着用文言文的语句写一写吧！

________________日中仰卧。人问其故，答曰：我________________。

第六篇 自省自新

小古文大发现　古人品格之旷

自 省

曾子曰："吾日三省吾身：为人谋而不忠乎？与朋友交而不信乎？传不习乎？"

——《论语·学而篇》

子曰："见贤思齐焉，见不贤而内自省也。"

——《论语·里仁篇》

梳理故事结构

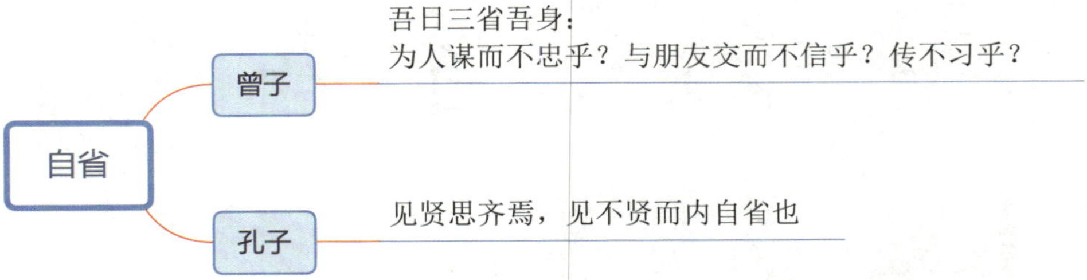

说说文章内容

这是《论语》中两则关于"自省"的言论。第一则是曾子说的，曾子是春秋末年思想家、儒学大家，孔子弟子之一，儒家学派的重要代表人物。他提到的"吾日三省吾身"意思是我每天多次反省自己。"为人谋而不忠乎"意思是为人出主意做事有没有尽心竭力，这是在提醒自己受人之托就要忠人之事。这里的"忠"，就是"尽己之谓忠"，即自己做到尽心了就是忠。"与朋友交而不信乎"意思是与朋友交往有没有不讲信用，这是在提醒我们要信守礼仪，传承仁、义、礼、智、信这些美好品质。"传不习乎"

意思是老师传授的知识有没有复习，“传”意思是老师向学生传递、传授，“习”意思是学生自己练习、复习。这则内容告诉我们曾子善于用拙力，他十分努力。如果我们能像曾子这样每天自我反省，就能得到成长。

第二则是孔子说的，他提到的“见贤思齐”意思是见到德才兼备的人就想向他学习，和他一样，这表明好的榜样对自己有激励作用，可驱使自己努力赶上。“见不贤而内自省”意思是见到无才无德之人就会在内心反省自己，这表明坏的榜样对自己有教益，要学会从中吸取教训，不要堕落下去。榜样的力量很大，但我们不能总是求之于外，更重要的是从自身出发，学会自省才能成长。

理解重点词语

吾日三省吾身

吾日三省吾身 我每天多次反省自己。

这里的“三”是“多次”的意思，在文言文中，动词前加上数字，通常表示动作频率高。

见贤思齐

见贤思齐 见到德才兼备的人就想向他学习，和他一样。贤，指德才兼备的人、贤德的人；齐，意思是相等，一样。

互文扩展阅读

万斯同闭门苦读

万斯同是清初著名学者，他参与编撰了我国重要的纪传体史书“二十四史”中的《明史》。其实万斯同在小时候也是一个顽皮的孩子，有一次他贪玩，在宾客面前丢了面子，遭到了批评，他一怒之下掀翻了宾客们的桌子，结果被父亲关到了书屋里。其间，万斯同从生气、厌恶读书，到开始认真闭门思过，并在从《茶经》中受到启发后逐渐用心读书。转眼一年多过去了，万斯同在书屋中读了很多书，父亲也原谅了他，而此时的万斯同也明白了父亲将他关进书屋的良苦用心。经过长期的勤学苦读，万斯同终于成为一位通晓历史、遍览群书的著名学者。

这个故事告诉我们有时候“自省”需要一个契机。

创意表达运用

看了这两则关于“自省”的言论你有什么想说的呢？或许“互文扩展阅读”中“万斯同闭门苦读”的故事更能打动你，你有过这样类似的经历吗，比如在某一次事件后感受到了学习或是其他事情的重要性，开始学会反省自己，然后取得了巨大进步。请你和我们分享一下吧！

有则改之，无则加勉

曾子以此三者日省其身，有则改之，无则加勉。

——《四书章句集注》

梳理故事结构

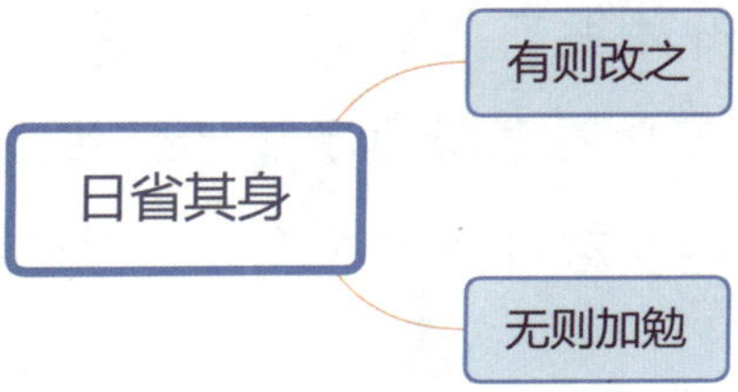

说说文章内容

之前我们学习了《论语》中两则关于自省的言论，其实本则小古文中朱熹说的这句话就是对《论语》中提到的“吾日三省吾身”所作的注解。他的意思是曾子每天都要不断地反省自身，有缺点或过失就要改正，如果没有缺点或过失就要以此加以勉励自己，以后不要犯类似的错误。

本则选自《四书章句集注》，其中，“四书”指的是《论语》《大学》《中庸》《孟子》四本经典儒家巨著，《四书章句集注》正是对这四本巨著进行注解的作品，在中国古代具有重要地位。

朱熹在《四书章句集注》中写道：“曾子以此三者日省其身，有则改之，无则加勉，其自治诚切如此，可谓得为学之本矣。”他认为曾子提出的“吾日三省吾身”体现了曾子的自省和自治，这可以说是做学问的根本了。从这里可以看出朱熹是非常推崇自省的，他认为自省是做学问更是做人的根本，我们应该把自省放在极为重要的地位上。

理解重点词语

有则改之，无则加勉

文言文中有很多简略的表达，有时候我们可以把省略的部分补上去再翻译，比如：有（过）则改之，无（过）则加勉。

互文扩展阅读

修身

见善，修然必以自存也；见不善，愀（qiǎo）然必以自省也。

——《荀子》

体悟人物品格和精神——说说朱熹

朱熹，字元晦，一字仲晦，号晦庵，别称紫阳，南宋理学家、教育家，人们尊称他为朱子。

朱熹博极群书、广注典籍，对经学、史学、文学、乐律以及自然科学有不同程度的贡献。他和吕祖谦、张栻（shì）齐名，时称“东南三贤”。

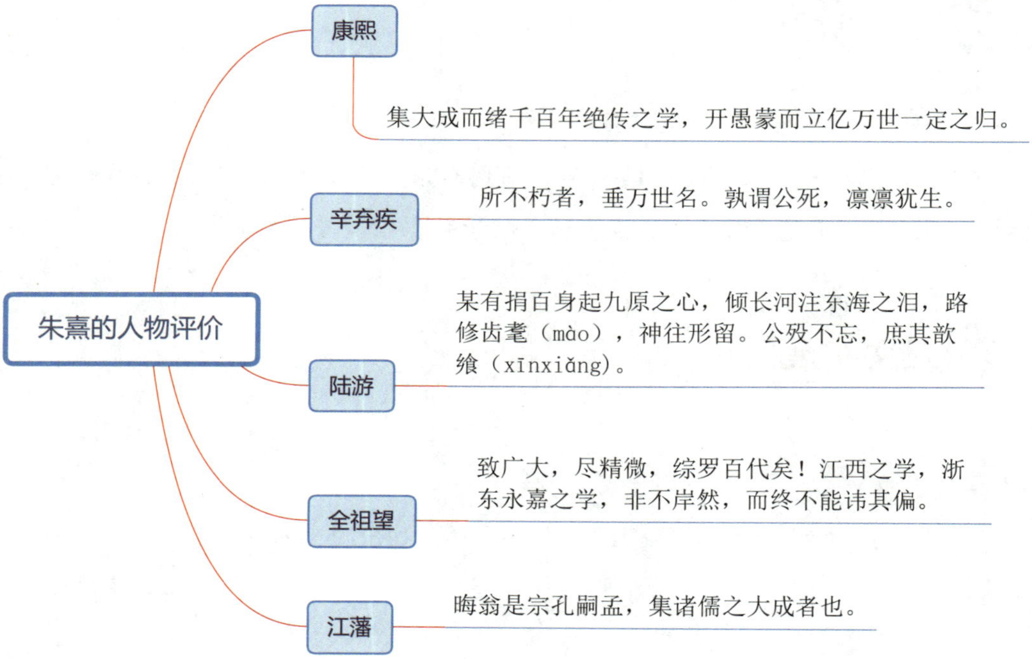

周处斩蛟

周处年少时，凶强侠气，为乡里所患。又义兴水中有蛟，山中有邅(zhān)迹虎，并皆暴犯百姓。义兴人谓为“三横”，而处尤剧。或说处杀虎斩蛟，实冀三横唯余其一。处即刺杀虎，又入水击蛟，蛟或浮或没，行数十里，处与之俱，经三日三夜，乡里皆谓已死，更相庆。竟杀蛟而出，闻里人相庆，始知为人情所患，有自改意。乃入吴寻二陆，平原不在，正见清河，具以情告，并云：“欲自修改而年已蹉跎，终无所成。”清河曰：“古人贵朝闻夕死，况君前途尚可。且人患志之不立，亦何忧令名不彰邪？”处遂改励，终为忠臣孝子。

——《世说新语》

梳理故事结构

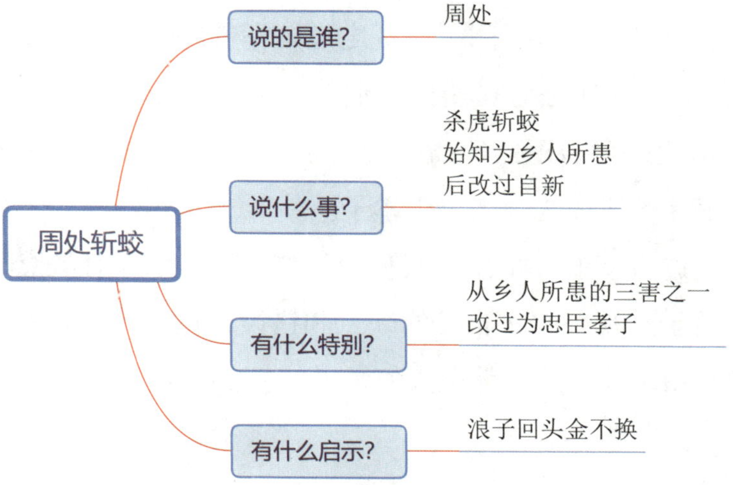

说说文章内容

周处是周鲂（fáng）的儿子，而周鲂可是个大人物，他官至吴国鄱（pó）阳太守，所以周处放在现代算是个名副其实的“官二代”。可是这“官二代”小时候是个实打实的“熊孩子”——他自小没人管束，成天在外面游荡，不肯读书，而且脾气很大，动不动就欺负别人，甚至动刀使枪，所以附近的老百姓都害怕他。周处生活的地方叫义兴，这个地方的水中有蛟龙，山上有一只极其凶猛的老虎，它们都祸害百姓，所以义兴人将它们和周处称为三大祸害。三害当中，周处最为厉害。有人劝说周处去杀猛虎和蛟龙，实际上是希望三个祸害相互拼杀最后只剩下一个。鲁莽耿直的周处根本没细想，便立即杀死了老虎，又下水去斩杀蛟龙。那蛟龙有时浮出水面，有时潜入水中，游了几十里远，周处始终同蛟龙缠在一起搏斗。经过了三天三夜，乡里百姓们都认为周处和蛟龙已经死了，便互相庆贺。结果周处杀死了蛟龙从水中出来了。他听说乡里人以为自己和蛟龙已经同归于尽而庆贺不已的事情，才知道大家把自己也当作一大祸害，因此有了悔改之意。于是，周处便到吴郡去寻访陆机和陆云两位有修养的名士。当时陆机不在，他只见到了陆云，就把全部情况告诉了陆云，并说：“我想要改正自己的错误，可是年龄已经大了，恐怕最终会一事无成。”陆云说：“古人珍视道义，认为‘早晨听闻了圣贤之道，即使晚上死了也不算虚度此生了’，况且你的前途还是有希望的。而且，人就怕立不下志向，只要能立志，又何必担忧好名声不能传扬呢？”周处听后，就虚心接受意见，真正改过自新，最后终于成为一名忠臣孝子。

从周处改过自新的故事中，我们可以知道：一个人有缺点和错误并不可怕，只要敢于正视并改正自己的缺点和错误，重新确立好的志向，他一样可以成为有用之才。这也就是人们常说的：浪子回头金不换。

理解重点词语

或

或

1. 有的人。《世说新语》：或说处杀虎斩蛟。

2. 有时。《世说新语》：蛟或浮或没。

3. 或者。《冯婉贞胜英人于谢庄》：猱进鸷（zhì）击，侥天之幸，或能免乎？

4. 又。《诗经》：既立之监，或佐之史。

5. 通“惑”，迷惑。《汉书》：别从东道，或失道。

“或”字到现在仍是我们的常用字，比如“或许”“或者”中的“或”是“也许、有时”的意思，“不可或缺”的“或”是“稍微”的意思。看来文言文中有些字的含义一直流传至今，但有些字的含义我们已经不再使用了。

体悟人物品格与精神——说说周处

周处，字子隐，西晋义兴阳羡（今江苏宜兴）人，鄱阳太守周鲂之子。周处年少时纵情肆欲，为祸乡里，后来浪子回头，改过自新，功业更胜乃父，留下“周处除三害”的传说。吴亡后，周处仕晋，刚正不阿，纠劾不避权贵。当时氐（dī）人齐万年起兵，他任建威将军被派去讨伐氐羌叛变，战死于沙场。今存《风土记》辑本。

周处的人物评价

- **陆机**：忠烈果毅，庶僚振肃；英情天逸，远性霞骞。
- **潘岳**：周徇师令，身膏氏斧。人之云亡，贞节克举。
- **苏轼**：历观自古奇伟之士，如周处、戴渊之流，皆出于群盗，改恶修善，不害为贤。
- **柳宗元**：冯妇好搏虎，卒为善士。周处狂横，一旦改节，皆老而自克。
- **房玄龄**：周子隐以跅弛之材，负不羁之行，比凶蛟猛兽，纵毒乡间，终能克己厉精，朝闻夕改，轻生重义，徇国亡躯，可谓志节之士也。